TABLEAU NUMÉRAL

FRANÇAIS-BRETON ET BRETON-FRANÇAIS,

OU

Concordance

DE LA NUMÉRATION DÉCIMALE ET DE LA NU-
MÉRATION COMPLEXE DES BRETONS.

SUIVI

1. d'un Calendrier et de Notes pour Contribua-
bles ; 2. d'un Exposé des deux systèmes des
poids et mesures ; 3. d'un Tableau alphabé-
tique-statistique de toute la France et des
Colonies.

LE TOUT EN FRANÇAIS ET EN BRETON ;

PAR **SÉBASTIEN KERDAVID,**

Instituteur primaire et Instituteur secondaire,

A GOURIN.

GUINGAMP,

IMPRIMERIE DE B. JOLLIVET.

1844.

TABLEAU NUMÉRAL

FRANÇAIS-BRETON ET BRETON-FRANÇAIS,

OU

Concordance

DE LA NUMÉRATION DÉCIMALE ET DE LA NUMÉRATION COMPLEXE DES BRETONS;

SUIVI

1. d'un Calendrier et de Notes pour Contribuables; 2. d'un Exposé des deux systèmes des poids et mesures; 3. d'un Tableau alphabétique statistique de toute la France et des Colonies;

LE TOUT EN FRANÇAIS ET EN BRETON;

PAR SÉBASTIEN KERDAVID,

Instituteur primaire et Instituteur secondaire,

A GOURIN.

GUINGAMP,

IMPRIMERIE DE B. JOLLIVET.

1841.

AVERTISSEMENT.

Tout le monde sait que les Bretons ont un système de numération tellement complexe et tellement *unique*, qu'il offre aux étrangers à leur idiome des difficultés insurmontables.

Cependant, les relations financières ne manquent pas entre les Bretons et les Français proprement dits. Les différentes manières de compter entravent ces relations de part et d'autre.

Je présente au Public un petit ouvrage qui pourra rendre quelques services aux uns et aux autres.

Le Tableau numéral qui suit, va depuis cinq centimes jusqu'à un million et un milliard de fr.

Il est dressé de manière que les nombres à traduire en breton, suivant le système usité chez nous, sont exprimés en chiffres, et ensuite en toutes lettres, avec la traduction bretonne en regard. Il sera donc impossible de se méprendre.

J'ai placé dans le cours de l'ouvrage des observations explicatives, propres à lever toutes les difficultés.

On trouvera à la suite du Tableau un Calendrier en breton et en français, suivi d'un Almanach perpétuel. Ce n'est pas, à la vérité, un grand mérite que de présenter cet almanach aux personnes qui ont de l'usage ; mais mon ouvrage s'adresse aussi aux enfans qui fréquentent les écoles.

J'ai cru devoir mettre quelques notes pour les contribuables, en français et en breton.

J'ai pensé que, dans un ouvrage de la nature de celui-ci, l'exposé du Système métrique ne serait pas déplacé.

J'ai donc mis en comparaison les mesures métriques avec les anciennes, et exprimé le tout en français et en breton.

Finalement j'ai placé un Tableau statistique de toute la France, ainsi construit :

1. Les noms, par ordre alphabétique, des départemens avec leurs chefs-lieux respectifs ; 2. le chiffre des arrondissemens compris dans chaque Préfecture, avec les noms des chefs-lieux d'arrondissement ; 3. le chiffre des cantons ; 4. le chiffre des communes de chaque département ; 5. la population totale de chaque département, et le résumé des totaux formant la population totale de toute la France, telle qu'on

l'a trouvée au dernier récensement ; 6. une Table alphabétique des chefs-lieux d'arrondissement, avec indication du département où ils se trouvent. Tellement que, cherchant n'importe quel chef-lieu d'arrondissement, on trouve au bout de la ligne le nom du département auquel la ville appartient.

La commodité de ce tableau est incontestable.

En effet, a-t-on à écrire à Nantua, je suppose ? -- Je regarde à la lettre N, et je trouve que Nantua est un des chefs-lieux du département de l'Ain, etc.

J'ai terminé par une notice sur nos colonies.

J'ai ainsi réuni, en un volume fort succint, des connaissances utiles, que l'on ne saurait acquérir qu'au moyen de plusieurs ouvrages différens et plus volumineux que celui-ci.

En conséquence, je présume que cette Publication sera accueillie avec quelque faveur, et de la part des personnes que l'ignorance du breton gêne, dans leurs rapports commerciaux avec les Bretons bretonnans, et de la part de nos bons cultivateurs eux-mêmes, à qui l'habitude a rendu familière la numération complexe de leur pays.

l'a trouvée au dernier recensement; 6. une Ta-
ble alphabétique des chefs-lieux d'arrondisse-
ment, avec indication du département où ils
se trouvent. Tellement que, cherchant à im-
porte quel chef-lieu d'arrondissement, on
trouve au bout de la ligne le nom du dépar-
tement auquel la ville appartient.

La commodité de ce tableau est incontestable.
En effet, a-t-on à écrire à Nantua, je sup-
pose? — Je regarde à la lettre N, et je trouve
que Nantua est un des chefs-lieux du dépar-
tement de l'Ain, etc.

J'ai terminé par une notice sur nos colonies.
J'ai ainsi réuni, en un volume fort succint,
des connaissances utiles, que l'on ne saurait
acquérir qu'au moyen de plusieurs ouvrages
différens et plus volumineux que celui-ci.

En conséquence, je présume que cette Pu-
blication sera accueillie avec quelque faveur,
et de la part des personnes que l'ignorance du
breton gêne, dans leurs rapports commerciaux
avec les Bretons bretonnans, et de la part de
nos bons cultivateurs eux-mêmes, à qui l'ha-
bitude a rendu familière la numération com-
plexe de leur pays.

TABLEAU NUMÉRAL

FRANÇAIS-BRETON ET BRETON-FRANÇAIS,

ou

CONCORDANCE

De la numération décimale et de la numération complexe des Bretons.

COMMENCEMENT DU TABLEAU

ALLANT DEPUIS 5 CENTIMES JUSQU'A UN MILLIARD.

05 c. Cinq centimes. *br.* Ur blanq.
10 Dix centimes. *br.* Deu vlanq.
15 Quinze centimes. *br.* Tri blanq.
20 Vingt centimes. *br.* Piar blanq.
25 Vingt-cinq centimes. *br.* Pemp planq.
30 Trente centimes. *br.* Huéh blanq.
35 Trente-cinq centimes. *br.* Seih blanq.
40 Quarante centimes. *br.* Eih blanq.
45 Quarante-cinq centimes. *br.* Naü blanq.
50 Cinquante centimes. *br.* Déc blanq.
55 Cinquante-cinq centimes. *br.* Unec blanq.
60 Soixante centimes. *br.* Deuzec blanq

2 fr. 50 c. Deux francs cinquante cent. *br*. *Déc réal just*.

2   55   Deux francs cinquante-cinq centimes. *br*. Déc
      réal hag ur blanq.

2   60   Deux francs soixante centimes. *br*. Déc réal ha
      deu vlanq.

2   65   Deux francs soixante-cinq centimes. *br*. Unec
      réal meit deu vlanq.

2   70   Deux francs soixante-dix centimes. *br*. Unec
      réal meit deu vlanq.

2   75   Deux francs soixante-quinze centimes. *br*. *Unec
      réal just*.

2   80   Deux francs quatre-vingts centimes. *br*. Unec
      réal hag ur blanq.

2   85   Deux francs quatre-vingt-cinq cent. *br*. Unec
      réal ha deu vlanq.

2   90   Deux francs quatre-vingt-dix centimes. *br*. Ur
      scoëd meit deu vlanq.

2   95   Deux francs quatre-vingt-quinze centimes. *br*.
      Ur scoëd meit ur blanq.

3 fr. 00 c. Trois francs. *br*. *Ur scoëd just* (rarement *tri
      livr*.).

OBSERVATION. L'écu (trois francs) est l'unité principale dans le calcul des Bretons. Ils ont égard au double écu (*dew scoëd*) six francs. (*Ur scoëd dré uéguend)* signifie *cinq pour cent*.

3 fr. 05 c. Trois francs cinq cent. *br*. Ur scoëd hag ur blanq.

3   10   Trois francs dix cent. *br*. Ur scoëd ha deu vlanq.

3   15   Trois francs quinze cent. *br*. Trizec réal meit
      deu vlanq.

3   20   Trois francs vingt centimes. *br*. Trizec réal
      meit ur blanq.

3	25	Trois francs vingt-cinq centimes. *br. Trizec réal just.*
3	30	Trois francs trente centimes. *br.* Trizec réal hag ur blanq.
3	35	Trois francs trente-cinq centimes. *br.* Trizec réal ha deu vlanq.
3	40	Trois francs quarante centimes. *br.* Piarzec réal meit deu vlanq.
3	45	Trois francs quarante-cinq centimes. *br.* Piarzec réal meit ur blanq.
3	50	Trois francs cinquante centimes. *br. Piarzec réal just.*
3	55	Trois francs cinquante-cinq cent. *br.* Piarzec réal hag ur blanq.
3	60	Trois francs soixante centimes. *br.* Piarzec réal ha deu vlanq.
3	65	Trois francs soixante-cinq centimes. *br.* Pemzec réal meit deu vlanq.
3	70	Trois francs soixante-dix centimes. *br.* Pemzec réal meit ur blanq.
3	75	Trois francs soixante-quinze cent. *br. Pemzec réal just.*
3	80	Trois francs quatre-vingts centimes. *br.* Pemzec réal hag ur blanq.
3	85	Trois francs quatre-vingt-cinq cent. *br.* Pemzec réal ha deu vlanq.
3	90	Trois francs quatre-vingt-dix cent. *br.* Huézec réal meit deu vlanq.
3	95	Trois francs quatre-vingt-quinze centimes. *br.* Huézec réal meit ur blanq.

4 fr. 00 c. Quatre francs. *br. Huézec réal just.*

4 fr. 05 c. Quatre francs cinq centimes. *br.* Huézec réal hag ur blanq.

4 10 Quatre francs dix centimes *br.* Huézec réal ha deu vlanq.

4 15 Quatre francs quinze centimes. *br.* Seitec réal meit deu vlanq.

4 20 Quatre francs vingt centimes. *br.* Seitec réal meit ur blanq.

4 25 Quatre francs vingt-cinq cent. *br. Seitec réal just.*

4 30 Quatre francs trente centimes. *br.* Seitec réal hag ur blanq.

4 35 Quatre francs trente-cinq centimes. *br.* Seitec réal ha deu vlanq.

4 40 Quatre francs quarante centimes. *br.* Trihuéh réal meit deu vlanq.

4 45 Quatre francs quarante-cinq centimes. *br.* Trihuéh réal meit ur blanq.

4 50 Quatre francs cinquante centimes. *br. Trihuéh réal just.*

4 55 Quatre francs cinquante-cinq cent. *br.* Trihuéh réal hag ur blanq.

4 60 Quatre francs soixante centimes. *br.* Trihuéh réal ha deu vlanq.

4 65 Quatre francs soixante-cinq centimes. *br.* Nandec réal meit deu vlanq.

4 70 Quatre francs soixante-dix centimes. *br.* Nandec réal meit ur blanq.

4 75 Quatre francs soixante-quinze cent. *br. Nandec réal just.*

4 80 Quatre francs quatre-vingts centimes. *br.* Nandec réal hag ur blanq.

4 fr. 85 c. Quatre francs quatre-vingt-cinq centimes. *br.*
Nandec réal ha deu vlanq.

4 90 Quatre francs quatre-vingt-dix centimes. *br.*
Uéguend réal meit deu vlanq.

5 fr. 00 c. Cinq francs. *br. Uéguend réal just* ou *pemp livr.*

5 25 Cinq francs vingt-cinq centimes. *br.* Ur réal
ar-n'uéguend.

5 50 Cinq francs cinquante centimes. *br.* Deu réal
ar-n'uéguend.

5 75 Cinq francs soixante-quinze centimes. *br.* Tri
réal ar-n'uéguend.

6 fr. 00 c. Six francs. *br. Deu scoëd* ou *huéh livr.*

6 25 Six francs vingt-cinq centimes. *br.* Deu scoëd
ha pemp planq.

6 50 Six francs cinquante centimes. *br.* Deu scoëd
ha déc blanq.

6 75 Six francs soixante-quinze centimes. *br.* Deu
scoëd ha pemzec blanq.

7 fr. 00 c. Sept francs. *br. Séih livr* ou *deu scoëd hag
ul livr.*

7 25 Sept francs vingt-cinq centimes. *br.* Deu scoëd
ha pemp réal.

7 50 Sept francs cinquante centimes. *br.* Deu scoëd
hanter.

7 75 Sept francs soixante-quinze centimes. *br.* Deu
scoëd ha seih réal.

8 fr. 00 c. Huit francs. *br.* Eih livr *ou* tri scoëd meit ul
livr.

8 25 Huit francs vingt-cinq centimes. *br.* Tri scoëd
meit pemzec blanq.

8 50 Huit francs cinquante centimes. *br.* Tri scoëd
meit déc blanq.

8	75	Huit francs soixante-quinze centimes. *br*. Tri scoëd meit pemp planq.
9	00	Neuf francs. *br*. *Tri scoëd* ou *nàu livr*.
9	25	Neuf francs vingt-cinq centimes. *br*. Tri scoëd ha pemp planq.
9	50	Neuf francs cinquante centimes. *br*. Tri scoëd ha déc blanq.
9	75	Neuf francs soixante-quinze centimes. *br*. Tri scoëd ha pemzec blanq.

10 fr. 00 c. Dix francs. *br*. Tri scoëd hag ul livr *ou* déc livr.

10	25	Dix francs vingt-cinq centimes. *br*. Tri scoëd ha pemp réal.
10	50	Dix francs cinquante centimes. *br*. Tri scoëd hanter.
10	75	Dix francs soixante-quinze centimes. *br*. Tri scoëd ha seih réal.

11 fr. 00 c. Onze francs. *br*. Piar scoëd meit ul livr *ou* unec livr.

11	25	Onze francs vingt-cinq centimes. *br*. Piar scoëd meit pemzec blanq.
11	50	Onze francs cinquante centimes. *br*. Piar scoëd meit déc blanq.
11	75	Onze francs soixante-quinze centimes. *br*. Piar scoëd meit ur réal *ou* pemp planq.

12 fr. 00 c. Douze francs. *br*. Piar scoëd *ou* deuzec livr.

12	25	Douze francs vingt-cinq centimes. *br*. Piar scoëd ha pemp planq.
12	50	Douze francs cinquante centimes, *br*. Piar scoëd ha déc blanq.
12	75	Douze francs soixante-quinze centimes. *br*. Piar scoëd ha pemzec blanq.

13 fr. 00 c. Treize francs. *br.* Piar scoëd hag ul livr *ou* trizec livr.

13   25   Treize francs vingt-cinq centimes. *br.* Piar scoëd ha pemp réal.

13   50   Treize francs cinquante centimes. *br.* Piar scoëd hanter.

13   75   Treize francs soixante-quinze cent. *br.* Piar scoëd hanter ha pemp planq.

14 fr. 00 c. Quatorze francs. *br.* Pemp scoëd meit ul livr.

14   25   Quatorze francs vingt-cinq centimes. *br.* Pemp scoëd meit pemzec blanq.

14   50   Quatorze francs cinquante centimes. *br.* Pemp scoëd meit déc blanq.

14   75   Quatorze francs soixante-quinze centimes. *br.* Pemp scoëd meit pemp planq.

15 fr. 00 c. Quinze francs. *br.* *Pemzec livr*, ou *pemp scoëd just.*

15   25   Quinze francs vingt-cinq centimes. *br.* Pemp scoëd ha pemp planq.

15   50   Quinze francs cinquante centimes. *br.* Pemp scoëd ha déc blanq.

15   75   Quinze francs soixante-quinze centimes. *br.* Pemp scoëd ha pemzec blanq.

16 fr. 00 c. Seize francs. *br.* Pemp scoëd hag ul livr.

16   25   Seize francs vingt-cinq centimes. *br.* Pemp scoëd ha pemp réal.

16   50   Seize francs cinquante centimes. *br.* Pemp scoëd hanter.

16   75   Seize francs soixante-quinze centimes. *br.* Pemp scoëd ha seih réal.

17 fr. »» c. Dix-sept francs. *br.* Huéh scoëd meit ul livr.

17   25   Dix-sept francs vingt-cinq centimes. *br* Huéh
scoëd meit pemzec blanq.

17   50   Dix-sept francs cinquante centimes. *br*. Huéh
scoëd meit déc blanq.

17   75   Dix-sept francs soixante-quinze centimes. *br*.
Huéh scoët meit pemp planq.

18 fr. » » c. Dix-huit francs. *br. Huéh scoëd* ou *trihuéh
livr.*

18   25   Dix-huit francs vingt-cinq centimes. *br*. Huéh
scoëd ha pemp planq.

18   50   Dix-huit francs cinquante centimes. *br*. Huéh
scoëd ha déc blanq.

18   75   Dix-huit francs soixante-quinze centimes. *br*.
Huéh scoëd ha pemzec blanq.

19 fr. » » c. Dix-neuf francs. *br*. Huéh scoëd hag ul livr.

19   25   Dix-neuf francs vingt-cinq centimes. *br*. Huéh
scoëd ha pemp réal.

19   50   Dix-neuf francs cinquante centimes. *br*. Huéh
scoëd hanter.

19   75   Dix-neuf francs soixante-quinze centimes. *br*.
Huéh scoëd ha seih réal.

20 fr. Vingt francs. *br*. Seih scoëd meit ul livr.

21   Vingt-et-un francs. *br. Seih scoëd* ou *ul livr ar-
n'uguend.*

22   Vingt-deux francs. *br*. Seih scoëd hag ul livr.

23   Vingt-trois francs. *br*. Eih scoëd meit ul livr.

24   Vingt-quatre francs. *br. Eih scoëd just.*

25   Vingt-cinq francs. *br*. Eih scoëd hag ul livr.

26   Vingt-six francs. Nàu scoëd meit ul livr.

27   Vingt-sept francs. *br. Nàu scoëd just.*

28   Vingt-huit francs. *br. Nàu* scoëd hag ul livr.

29   Vingt-neuf francs. *br*. Déc scoëd meit ul livr.

30 fr. Trente francs. *br. Déc scoëd just.*

31 Trente-un francs. *br.* Déc scoëd hag ul livr.

32 Trente-deux francs. *br.* Unec scoëd meit ul livr.

33 Trente-trois francs. *br. Unec scoëd just.*

34 Trente-quatre francs. *br.* Unec scoëd hag ul livr.

35 Trente-cinq francs. *br.* Deuzec scoëd meit ul livr.

36 Trente-six francs. *br. Deuzec scoëd just.*

37 Trente-sept francs. *br.* Deuzec scoëd hag ul livr.

38 Trente-huit francs. *br.* Trizec scoëd meit ul livr.

39 Trente-neuf francs. *br. Trizec scoëd just.*

40 Quarante francs. *br.* Trizec scoëd hag ul livr.

41 Quarante-et-un francs. *br.* Piarzec scoëd meit ul livr.

42 Quarante-deux francs. *br. Piarzec scoëd just.*

43 Quarante-trois francs. *br.* Piarzec scoëd hag ul livr.

44 Quarante-quatre francs. *br.* Pemzec scoëd meit ul livr.

45 Quarante-cinq francs. *br. Pemzec scoëd just.*

46 Quarante-six francs. *br.* Pemzec scoëd hag ul livr.

47 Quarante-sept francs. *br.* Huézec scoëd meit ul livr.

48 Quarante-huit francs. *br. Huézec scoëd just.*

49 Quarante-neuf francs. *br.* Huézec scoëd hag ul livr.

50 Cinquante francs. *br.* Seitec scoëd meit ul livr.

51 Cinquante-un francs. *br. Seitec scoëd just.*

52 Cinquante-deux francs. *br.* Seitec scoëd hag ul livr.

53 Cinquante-trois francs. *br.* Trihuéh scoëd meit ut livr.

54 Cinquante-quatre francs. *br. Trihuéh scoëd just.*

55 Cinquante-cinq francs. *br.* Trihuéh scoëd hag ul livr.

56 Cinquante-six francs. *br.* Nandec scoëd meit ul livr.

57 Cinquante-sept francs. *br. Nandec scoëd just.*

58 Cinquante-huit francs. *br.* Nandec scoëd hag ul livr.

59 Cinquante-neuf francs. *br.* Uéguend scoëd meit ul livr.

3

60 fr. Soixante francs. *br.* *Uéguend scoëd just.*

61 Soixante-un francs. *br.* Uéguend scoëd hag ul livr.

62 Soixante-deux francs. *br.* Ur scoëd ar-n'uéguend meit ul livr.

63 Soixante-trois francs. *br. Ur scoëd ar-n'uéguend just.*

64 Soixante-quatre francs. *br.* Ur scoëd ar-n'uéguend hag ul livr.

65 Soixante-cinq francs. *br.* Deu scoëd ar-n'uéguend meit ul livr.

66 Soixante-six francs. *br. Deu scoëd ar-n'uéguend just.*

67 Soixante-sept francs. *br.* Deu scoëd ar-n'uéguend hag ul livr.

68 Soixante-huit francs. *br.* Tri scoëd ar-n'uéguend meit ul livr.

69 Soixante-neuf francs. *br. Tri scoëd ar-n'uéguend just.*

70 Soixante-dix francs. *br.* Tri scoëd ar-n'uéguend hag ul livr.

71 Soixante-et-onze francs. *br.* Piar scoëd ar-n'uéguend meit ul livr.

72 Soixante-douze francs. *br. Piar scoëd ar-n'uéguend just.*

73 Soixante-treize francs. *br.* Piar scoëd ar-n'uéguend hag ul livr.

74 Soixante-quatorze francs. *br.* Pemp scoëd ar-n'uéguend meit ul livr.

75 Soixante-quinze francs. *br. Pemp scoëd ar-n'uéguend just.*

76 Soixante-seize francs. *br.* Pemp scoëd ar-n'uéguend hag ul livr.

77 fr. Soixante-dix-sept francs. *br.* Huéh scoëd ar-n'ué-
guend meit ul livr.

78 Soixante-dix-huit francs. *br. Huéh scoëd ar-n'ué-
guend just.*

79 Soixante-dix-neuf francs. *br.* Huéh scoëd ar-n'ué-
guend hag ul livr.

80 Quatre-vingts francs. *br.* Seih scoëd ar-n'uéguend
meit ul livr.

81 Quatre-vingt-un francs. *br. Seih scoëd ar-n'ué-
guend just.*

82 Quatre-vingt-deux francs. *br.* Seih scoëd ar-n'ué-
guend hag ul livr.

83 Quatre-vingt-trois francs. *br.* Eih scoëd ar-n'ué-
guend meit ul livr.

84 Quatre-vingt-quatre francs. *br. Eih scoëd ar-
n'uéguend just.*

85 Quatre-vingt-cinq fr. *br.* Eih scoëd ar-n'uéguend
hag ul livr.

86 Quatre-vingt-six francs. *br.* Nàu scoëd ar-n'uéguend
meit ul livr.

87 Quatre-vingt-sept francs. *br. Nàu scoëd ar-n'ué-
guend just.*

88 Quatre-vingt-huit francs. *br.* Nàu scoëd ar-n'ué-
guend hag ul livr.

89 Quatre-vingt-neuf francs. *br.* Tregond scoëd meit
ul livr.

90 Quatre-vingt-dix francs. *br. Tregond scoëd just.*

91 Quatre-vingt-onze francs. *br.* Tregond scoëd hag
ul livr.

92 Quatre-vingt-douze francs. *br.* Ur scoëd ha tregond
meit ul livr.

93 fr. Quatre-vingt-treize francs. *br.* *Ur scoëd ha tre-*
gond just.

94 Quatre-vingt-quatorze francs. *br.* Ur scoëd ha tre-
gond hag ul livr.

95 Quatre-vingt-quinze francs. *br.* Deü scoëd ha tre-
gond meit ul livr.

96 Quatre-vingt-seize francs. *br. Deu scoëd ha tre-*
gond just.

97 Quatre-vingt-dix-sept francs. *br.* Deu scoëd ha tre-
gond hag ul livr.

98 Quatre-vingt-dix-huit francs. *br.* Tri scoëd ha tre-
gond meit ul livr.

99 Quatre vingt-dix-neuf francs. *br. Tri scoëd ha*
tregond just.

100 fr. Cent francs. *br.* Tri scoëd ha tregond hag ul livr.

101 Cent un francs. *br.* Piar scoëd ha tregond meit
ul livr.

102 Cent deux francs. *br. Piar scoëd ha tregond*
just.

103 Cent trois francs. *br.* Piar scoëd ha tregond hag
ul livr.

104 Cent quatre francs. *br.* Pemp scoëd ha tregond
meit ul livr.

105 Cent cinq francs. *br. Pemp scoëd ha tregond*
just.

106 Cent six francs. Pemp scoëd ha tregond hag ul
livr.

107 Cent sept francs. *br.* Huéh scoëd ha tregond meit
ul livr.

108 Cent huit francs. *br. Huéh scoëd ha tregond*
just.

109 fr. Cent neuf francs. *br.* Huéh scoëd ha tregond hag
ul livr.

110 Cent dix francs. *br.* Seih scoëd ha tregond meit
ul livr.

111 Cent onze francs. *br. Seih scoëd ha tregond just.*

112 Cent douze francs. *br.* Seih scoëd ha tregond hag
ul livr.

113 Cent treize francs. *br.* Eih scoëd ha tregond meit
ul livr.

114 Cent quatorze francs. *br. Eih scoëd ha tregond
just.*

115 Cent quinze francs. *br.* Eih scoëd ha tregond hag
ul livr.

116 Cent seize francs. *br.* Nàu scoëd ha tregond meit
ul livr.

117 Cent dix-sept francs. *br. Nàu scoëd ha tregond
just.*

118 Cent dix-huit francs. *br.* Nàu scoëd ha tregond
hag ul livr.

119 Cent dix-neuf francs. *br.* Deu uéguend scoëd meit
ul livr.

120 Cent vingt francs. *br. Deu uéguend scoëd just.*

121 Cent vingt-et-un francs. *br.* Deu uéguend scoëd
hag ul livr.

122 Cent vingt-deux francs. *br.* Ur scoëd ha deu ué-
guend meit ul livr.

123 Cent vingt-trois francs. *br. Ur scoëd ha deu
uéguend just.*

124 Cent vingt-quatre francs. *br.* Ur scoëd ha deu ué-
guend hag ul livr.

125 Cent vingt-cinq francs. *br.* Deu scoëd ha deu
uéguend meit ul livr.

126 fr. Cent vingt-six francs. *br.* *Deu scoëd ha deu ué-*
guend just.

127 Cent vingt-sept francs. *br.* Deu scoëd ha deu
uéguend hag ul livr.

128 Cent vingt-huit francs. *br.* Tri scoëd ha deu uéguend
meit ul livr.

129 Cent vingt-neuf francs. *br.* *Tri scoëd ha deu*
uéguend just.

130 Cent trente francs. *br.* Tri scoëd ha deu uéguend
hag ul livr.

131 Cent trente-et-un francs. *br.* Piar scoëd ha deu
uéguend meit ul livr.

132 Cent trente deux francs. *br.* *Piar scoëd ha deu*
uéguend just.

133 Cent trente-trois francs. *br.* Piar scoëd ha deu
uéguend hag ul livr.

134 Cent trente-quatre francs. *br.* Pemp scoëd ha deu
uéguend meit ul livr.

135 Cent trente-cinq francs. *br.* *Pemp scoëd ha deu*
uéguend just.

136 Cent trente-six francs. *br.* Pemp scoëd ha deu
uéguend hag ul livr.

137 Cent trente-sept francs. *br.* Huéh scoëd ha deu
uéguend meit ul livr.

138 Cent trente-huit francs. *br.* *Huéh scoëd ha deu*
uéguend just.

139 Cent trente-neuf francs. *br.* Huéh scoëd ha deu
uéguend hag ul livr.

140 Cent quarante francs. *br.* Seih scoëd ha deu ué-
guend meit ul livr.

141 Cent quarante-et-un francs. *br.* *Seih scoëd ha*
deu uéguend just.

142 fr. Cent quarante-deux francs. *br*. Seih scoëd ha deu
uéguend hag ul livr.

143 Cent quarante-trois francs. *br*. Eih scoëd ha deu
uéguend meit ul livr.

144 Cent quarante-quatre francs. *br*. *Eih scoëd ha
deu uéguend* just.

145 Cent quarante-cinq francs. *br*. Eih scoëd ha deu
uéguend hag ul livr.

146 Cent quarante-six francs. *br*. Nàu scoëd|ha deu
uéguend meit ul livr.

147 Cent quarante-sept francs. *br*. *Nàu scoëd ha
deu uéguend* just.

148 Cent quarante-huit francs. *br*. Nàu scoëd ha deu
uéguend hag ul livr.

149 Cent quarante-neuf francs. *br*. Hanter hant scoëd
hag ul livr.

150 Cent cinquante francs. *br* *Hanter hant scoëd
just*.

151 Cent cinquante-et-un francs. *br*. Hanter hant
scoëd just.

152 Cent cinquante-deux francs. *br*. Ur scoëd ha han-
ter hant meit ul livr.

153 Cent cinquante-trois francs. *br*. *Ur scoëd ha
hanter hant just*.

154 Cent cinquante-quatre francs. *br*. Ur scoëd ha
hanter hant hag ul livr.

155 Cent cinquante-cinq francs. *br*. Deu scoëd ha han-
ter hant meit ul livr.

156 Cent cinquante-six francs. *br*. *Deu scoëd ha han-
ter hant just*.

157 Cent cinquante-sept francs. *br*. Deu scoëd ha han-
ter hant hag ul livr.

158 fr. Cent cinquante-huit francs *br.* Tri scoëd ha han-
ter hant meit ul livr.

159 Cent cinquante-neuf francs. *br. Tri scoëd ha
hanter hant just.*

160 Cent soixante francs. *br.* Tri scoëd ha hanter hant
hag ul livr.

161 Cent soixante-et-un francs. *br.* Piar scoëd ha
hanter hant meit ul livr.

162 Cent soixante-deux francs. *br. Piar scoët ha
hanter hant just.*

163 Cent soixante-trois francs. *br.* Piar scoëd ha hanter
hant hag ul livr.

164 Cent soixante-quatre francs. *br.* Pemp scoëd ha
hanter hant meit ul livr.

165 Cent soixante-cinq francs. *br. Pemp scoëd ha
hanter hant just.*

166 Cent soixante-six francs. *br.* Pemp scoëd ha han-
ter hant hag ul livr.

167 Cent soixante-sept francs. *br.* Huéh scoët ha han-
ter hant meit ul livr.

168 Cent soixante-huit francs. *br. Huéh scoëd ha
hanter hant just.*

169 Cent soixante-neuf francs. *br.* Huéh scoëd ha han-
ter hant hag ul livr.

170 Cent soixante-dix francs. *br.* Seih scoëd ha hanter
hant meit ut livr.

171 Cent soixante-et-onze francs. *br. Seih scoëd ha
hanter hant just.*

172 Cent soixante-douze francs. *br.* Seih scoëd ha
hanter hant hag ul livr.

173 Cent soixante-treize francs. *br.* Eih scoëd ha han-
ter hant meit ul livr.

174 fr. Cent soixante-quatorze francs. *br. Eih scoëd hu hanter hant just.*

175 Cent soixante-quinze francs. *br.* Eih scoëd ha hanter hant hag ul livr.

176 Cent soixante-seize francs. *br.* Nàu scoëd ha hanter hant meit ul livr.

177 Cent soixante dix-sept francs. *br. Nàu scoëd ha hanter hant just.*

178 Cent soixante-dix-huit francs. *br.* Nàu scoëd ha hanter hant hag ul livr.

179 Cent soixante-dix-neuf francs. *br.* Tri uéguend scoëd meit ul liv.

180 Cent quatre-vingts francs. *Tri uéguend scoëd just.*

181 Cent quatre-vingt-un francs. *br.* Tri uéguend scoëd hag ul livr.

182 Cent quatre-vingt-deux francs. *br.* Ur scoëd ha tri uéguend meit ul livr.

183 Cent quatre-vingt-trois francs. *br. Ur scoëd ha tri uéguend just.*

184 Cent quatre-vingt-quatre francs. *br.* Ur scoëd ha tri uéguend hag ul livr.

185 Cent quatre-vingt-cinq francs. *br.* Deu scoëd ha tri uéguend meit ul livr.

186 Cent quatre-vingt-six francs. *br. Deu scoëd ha tri uéguend just.*

187 Cent quatre-vingt-sept francs. *br.* Deu scoëd ha tri uéguend hag ul livr.

188 Cent quatre-vingt-huit francs. *br.* Tri scoëd ha tri uéguend meit ul livr.

189 Cent quatre-vingt-neuf francs. *br. Tri scoëd ha tri uéguend just.*

190 fr. Cent quatre-vingt-dix francs. *br.* Tri scoëd ha tri uéguend hag ul livr.

191 Cent quatre-vingt-onze francs. *br.* Piar scoëd ha tri uéguend meit ul livr.

192 Cent quatre-vingt-douze francs. *br. Piar scoëd ha tri uéguend just.*

193 Cent quatre-vingt-treize francs. *br.* Piar scoëd ha tri uéguend hag ul livr.

194 Cent quatre-vingt-quatorze francs. *br.* Pemp scoëd ha tri uéguend meit ul livr.

195 Cent quatre-vingt-quinze francs. *br. Pemp scoëd ha tri uéguend just.*

196 Cent quatre-vingt-seize francs. *br.* Pemp scoëd ha tri uéguend hag ul livr.

197 Cent quatre-vingt-dix-sept francs. *br.* Huéh scoëd ha tri uéguend meit ul livr.

198 Cent quatre-vingt-dix-huit francs. *br. Huéh scoëd ha tri uéguend just.*

199 Cent quatre-vingt dix-neuf francs. *br.* Huéh scoëd ha tri uéguend hag ul livr.

200 Deux cents francs. *br.* Seih scoëd ha tri uéguend meit ul livr.

201 Deux cent un francs. *br. Seih scoëd ha tri uéguend just.*

202 Deux cent deux francs. *br.* Seih scoëd ha tri uéguend hag ul livr.

203 Deux cent trois francs. *br.* Eih scoëd ha tri uéguend meit ul livr.

204 Deux cent quatre francs. *br. Eih scoëd ha tri uéguend just.*

205 Deux cent cinq francs. *br.* Eih scoëd ha tri uéguend hag ul livr.

206 fr. Deux cent six francs. Nàu scoëd ha tri uéguend meit ul livr.

207 Deux cent sept francs. *br. Nàu scoëd ha tri uéguend just.*

208 Deux cent huit francs. *br.* Nàu scoëd ha tri uéguend hag ul livr.

209 Deux cent neuf francs. *br.* Dec scoëd ha tri uéguend meit ul livr.

210 Deux cent dix francs. *Dec scoëd ha tri uéguend just.*

211 Deux cent onze francs. *br.* Dec scoëd ha tri uéguend hag ul livr.

212 Deux cent douze francs. *br.* Unec scoëd ha tri uéguend meit ul livr.

213 Deux cent treize francs. *br. Unec scoëd ha tri uéguend just.*

214 Deux cent quatorze francs. *br.* Unec scoëd ha tri uéguend hag ul livr.

215 Deux cent quinze francs. *br.* Deuzec scoëd ha tri uéguend meit ul livr.

216 Deux cent seize francs. *br. Deuzec scoëd ha tri uéguend just.*

217 Deux cent dix-sept francs. *br.* Deuzec scoëd ha tri uéguend hag ul livr.

218 Deux cent dix-huit francs. *br.* Trizec scoëd ha tri uéguend meit ul livr.

219 Deux cent dix-neuf francs. *br. Trizec scoëd ha tri uéguend just.*

220 Deux cent vingt francs. *br.* Trizec scoëd ha tri uéguend hag ul livr.

221 Deux cent vingt-et-un francs. *br.* Piarzec scoëd ha tri uéguend meit ul livr.

222 fr. Deux cent vingt-deux francs *br. Piarzec scoëd ha tri uéguend just.*

223 Deux cent vingt-trois francs. *br.* Piarzec scoëd ha tri uéguend hag ul livr.

224 Deux cent vingt-quatre francs. *br.* Pemzec scoëd ha tri uéguend meit ul livr.

225 Deux cent vingt-cinq francs. *br. Pemzec scoëd ha tri uéguend just.*

226 Deux cent vingt-six francs. *br.* Pemzec scoëd ha tri uéguend hag ul livr.

227 Deux cent vingt-sept francs. *br.* Huézec scoëd ha tri uéguend meit ul livr.

228 Deux cent vingt-huit francs. *br. Huézec scoëd ha tri uéguend just.*

229 Deux cent vingt-neuf francs. *br.* Huézec scoëd ha tri uéguend hag ul livr.

230 Deux cent trente francs. *br.* Seitec scoëd ha tri uéguend meit ul livr.

231 Deux cent trente-et-un francs. *br. Seitec scoëd ha tri uéguend just.*

232 Deux cent trente-deux francs. *br.* Seitec scoëd ha tri uéguend hag ul livr.

233 Deux cent trente-trois francs. *br.* Trihuéh scoëd ha tri uéguend meit ul livr.

234 Deux cent trente-quatre francs. *br. Trihuéh scoëd ha tri uéguend just.*

235 Deux cent trente-cinq francs. *br.* Trihuéh scoëd ha tri uéguend hag ul livr.

236 Deux cent trente-six francs. *br.* Nandec scoëd ha tri uéguend meit ul livr.

237 Deux cent trente-sept francs. *br. Nandec scoëd ha tri uéguend just.*

238 fr. Deux cent trente-huit francs. *br.* Nandec scoëd ha
  tri uéguend hag ul livr.

239 Deux cent trente-neuf francs. *br.* Piar uéguend
  scoëd meit ul livr.

240 Deux cent quarante francs. *br. Piar uéguend
  scoëd just.*

241 Deux cent quarante-et-un francs. *br.* Piar uéguend
  scoëd hag ul livr.

242 Deux cent quarante-deux francs. *br.* Ur scoëd ha
  piar uéguend meit ul livr.

243 Deux cent qnarante-trois francs. *br. Ur scoëd
  ha piar uéguend just.*

244 Deux cent quarante-quatre francs. *br.* Ur scoëd
  ha piar uéguend hag ul livr.

245 Deux cent quarante-cinq francs. *br.* Deu scoëd ha
  piar uéguend meit ul livr.

246 Deux cent quarante-six francs. *br. Deu scoëd ha
  piar uéguend just.*

247 Deux cent quarante-sept francs. *br.* Deu scoëd ha
  piar uéguend hag ul livr.

248 Deux cent quarante-huit francs. *br.* Tri scoëd ha
  piar uéguend meit ul livr.

249 Deux cent quarante-neuf francs. *br. Tri scoëd ha
  piar uéguend just.*

250 Deux cent cinquante francs. *br.* Tri scoëd ha piar
  uéguend hag ul livr.

251 Deux cent cinquante-et-un francs. *br.* Piar scoëd
  ha piar uéguend meit ul livr.

252 Deux cent cinquante-deux francs. *br. Piar scoëd
  ha piar uéguend just.*

253 Deux cent cinquante-trois francs. *br.* Piar scoëd
  ha piar uéguend hag ul livr.

254 fr. Deux cent cinquante-quatre francs. *br.* Pemp scoëd
ha piar uéguend meit ul livr.

255 Deux cent cinquante-cinq francs. *br. Pemp scoëd
ha piar uéguend just.*

256 Deux cent cinquante-six francs. *br.* Pemp scoëd
ha piar uéguend hag ul livr.

257 Deux cent cinquante-sept francs. *br.* Huéh scoëd
ha piar uéguend meit ul livr.

258 Deux cent cinquante-huit francs. *br. Huéh scoëd
ha piar uéguend just.*

259 Deux cent cinquante-neuf francs. *br.* Huéh scoëd
ha piar uéguend hag ul livr.

260 Deux cent soixante francs. *br.* Seih scoëd ha piar
uéguend meit ul livr.

261 Deux cent soixante-et-un francs. *br. Seih scoëd
ha piar uéguend just.*

262 Deux cent soixante-deux francs. *br.* Seih scoëd ha
piar uéguend hag ul livr.

263 Deux cent soixante-trois francs. *br.* Eih scoëd ha
piar uéguend meit ul livr.

264 Deux cent soixante-quatre francs. *br. Eih scoëd
ha piar uéguend just.*

265 Deux cent soixante-cinq francs. *br.* Eih scoëd ha
piar uéguend hag ul livr.

266 Deux cent soixante-six francs. *br.* Nàu scoëd ha
piar uéguend meit ul livr.

267 Deux cent soixante-sept francs. *br. Nàu scoëd
ha piar uéguend just.*

268 Deux cent soixante-huit francs. *br.* Nàu scoëd ha
piar uéguend hag ul livr.

269 Deux cent soixante-neuf francs. *br.* Dec scoëd ha
piar uéguend meit ul livr.

270 fr. Deux cent soixante-dix francs. *br. Dec scoëd ha piar uéguend just.*

271 Deux cent soixante-et-onze francs. *br.* Dec scoëd ha piar uéguend hag ul livr.

272 Deux cent soixante-douze francs. *br.* Unec scoëd ha piar uéguend meit ul livr.

273 Deux cent soixante-treize francs. *br. Unec scoëd ha piar uéguend just.*

274 Deux cent soixante-quatorze francs. *br.* Unec scoëd ha piar uéguend hag ul livr.

275 Deux cent soixante-quinze francs. *br.* Deuzec scoëd ha piar uéguend meit ul livr.

276 Deux cent soixante-seize francs. *br. Deuzec scoëd ha piar uéguend just.*

277 Deux cent soixante-dix-sept francs. *br.* deuzec scoëd ha piar uéguend hag ul livr.

278 Deux cent soixante-dix-huit francs. *br.* Trizec ha piar uéguend meit ul livr.

279 Deux cent soixante-dix-neuf francs. *br. Trizec scoëd ha piar uéguend just.*

280 Deux cent quatre-vingts francs. *br.* Trizec scoëd ha piar uéguend hag ul livr.

281 Deux cent quatre-vingt-un francs. *br.* Piarzec scoëd ha piar uéguend meit ul livr.

282 Deux cent quatre-vingt-deux francs. *br. Piarzec scoëd ha piar uéguend just*

283 Deux cent quatre-vingt-trois francs. *br.* Piarzec scoëd ha piar uéguend hag ul livr.

284 Deux cent quatre-vingt-quatre francs. *br.* Pemzec scoëd ha piar uéguend meit ul livr.

285 Deux cent quatre-vingt-cinq francs. *br. Pemzec scoëd ha piar uéguend just.*

286 fr. Deux cent quatre-vingt-six francs. *br.* Pemzec
scoëd ha piar uéguend hag ul livr.

287   Deux cent quatre-vingt-sept francs. *br.* Huézec
scoëd ha piar uéguend meit ul livr.

288   Deux cent quatre-vingt-huit francs. *br. Huézec
scoëd ha piar uéguend just.*

289   Deux cent quatre-vingt-neuf francs. *br.* Huézec
scoëd ha piar uéguend hag ul livr.

290   Deux cent quatre-vingt-dix francs. *br.* Seitec scoëd
ha piar uéguend meit ul livr.

291   Deux cent quatre-vingt-onze francs. *br. Seitec
scoëd ha piar uéguend just.*

292   Deux cent quatre-vingt-douze francs. *br.* Seitec
scoëd ha piar uéguend hag ul livr.

293   Deux cent quatre-vingt-treize. *br.* Trihuéh scoëd
ha piar uéguend meit ul livr.

294   Deux cent quatre-vingt-quatorze francs. *br. Tri-
huéh scoëd ha piar uéguend just.*

295   Deux cent quatre-vingt-quinze francs. *br.* Tri-
huéh scoëd ha piar uéguend hag ul livr.

296   Deux cent quatre-vingt-seize francs. *br.* Nandec
scoëd ha piar uéguend meit ul livr.

297   Deux cent quatre-vingt-dix-sept francs. *br. Nan-
dec scoëd ha piar uéguend just.*

298   Deux cent quatre-vingt-dix-huit francs. *br.*
Nandec scoëd ha piar uéguend hag ul livr.

299   Deux cent quatre-vingt-dix-neuf francs. *br.* Cand
scoëd meit ul livr.

300   Trois cents francs. *br. Cand scoëd just.*

301   Trois cent un francs. *br.* Cand scoëd hag ul livr.

302   Trois cent deux francs. *br.* Ur scoëd ha cand meit
ul livr.

303 fr. Trois cent trois francs. *br.* Ur scoëd ha cand just.

304 Trois cent quatre francs. *br.* Ur scoëd ha cand hag ul livr.

305 Trois cent cinq francs. *br.* Deu scoëd ha cand meit ul livr.

306 Trois cent six francs. *Deu scoëd ha cand just.*

307 Trois cent sept francs. *br.* Deu scoëd ha cand hag ul livr.

308 Trois cent huit francs. *br.* Tri scoëd ha cand meit ul livr.

309 Trois cent neuf francs. *br. Tri scoëd ha cand just.*

310 Trois cent dix francs. *br.* Tri scoëd ha cand hag ul livr.

311 Trois cent onze francs. *br.* Piar scoëd ha cand meit ul livr.

312 Trois cent douze francs. *br. Piar scoëd ha cand just.*

313 Trois cent treize francs. *br.* Piar scoëd ha cand hag ul livr.

314 Trois cent quatorze francs. *br.* Pemp scoëd ha cand meit ul livr.

315 Trois cent quinze francs. *br. Pemp scoëd ha cand just.*

316 Trois cent seize francs. *br.* Pemp scoëd ha cand hag ul livr.

317 Trois cent dix-sept francs. *br.* Huéh scoëd ha cand meit ul livr.

318 Trois cent dix-huit francs. *br. Huéh scëd ha cand just.*

5

319 fr. Trois cent dix-neuf francs. *br.* Huéh scoëd ha cand hag ul livr.

320 Trois cent vingt francs. *br.* Seih scoëd ha cand meit ul livr.

321 Trois cent vingt-et-un francs. *br Seih scoëd ha cand just.*

322 Trois cent vingt-deux francs. *br.* Seih scoëd ha cand hag ul livr·

323 Trois cent vingt-trois francs. *br.* Eih scoëd ha cand meit ul livr.

324 Trois cent vingt-quatre francs. *br. Eih scoëd ha cand just.*

325 Trois cent vingt-cinq francs. *br.* Eih scoëd ha cand hag ul livr.

326 Trois cent vingt-six francs. *br.* Nàu scoëd ha cand meit ul livr.

327 Trois cent vingt-sept francs. *br. Nàu scoëd ha cand just.*

328 Trois cent vingt-huit francs. *br.* Nàu scoëd ha cand hag ul livr.

329 Trois cent vingt-neuf francs. *br.* Dec scoëd ha cand meit ul livr.

330 Trois cent trente francs. *br. Dec scoëd ha cand just.*

331 Trois cent trente-et-un francs. *br.* Dec scoëd ha cand hag ul livr.

332 Trois cent trente-deux francs. *br.* Unec scoëd ha cand meit ul livr.

333 Trois cent trente-trois francs, *br. Unec scoëd ha cand just.*

334 Trois cent trente-quatre francs, *br.* Unec scoëd ha cand hag ul livr.

335 fr. Trois cent trente-cinq francs. *br.* Deuzec scoëd ha
cand meit ul livr.

336   Trois cent trente-six francs. *br. Deuzec scoëd ha
cand just.*

337   Trois cent trente-sept francs. *br.* Deuzec scoëd ha
cand hag ul livr.

338   Trois cent trente-huit francs. *br.* Trizec scoëd ha
cand meit ul livr.

339   Trois cent trente-neuf francs. *br. Trizec scoëd
ha cand just.*

340   Trois cent quarante francs. *br.* Trizec scoëd ha
cand hag ul livr.

341   Trois cent quarante-et-un francs. *br.* Piarzec scoëd
ha cand meit ul livr.

342   Trois cent quarante-deux francs. *br. Piarzec
scoëd ha cand just.*

343   Trois cent quarante-trois francs. *br.* Piarzec scoëd
ha cand hag ul livr.

344   Trois cent quarante-quatre francs. *br.* Pemzec
scoëd ha cand meit ul livr.

345   Trois cent quarante-cinq francs. *br. Pemzec scoëd
ha cand just.*

346   Trois cent quarante-six francs. *br.* Pemzec scoëd
ha cand hag ul livr.

347   Trois cent quarante-sept francs. *br.* Huézec scoëd
ha cand meit ul livr.

348   Trois cent quarante-huit francs. *br. Huézec scoëd
ha cand just.*

349   Trois cent quarante-neuf francs. *br.* Huézec scoëd
ha cand hag ul livr.

350   Trois cent cinquante francs. *br.* Seitec scoëd ha
cand meit ul livr.

351 fr. Trois cent cinquante-et-un francs. *br. Seitec scoëd ha cand just.*

352 Trois cent cinquante-deux francs. *br.* Seitec scoëd ha cand hag ul livr.

353 Trois cent cinquante-trois francs. *br.* Trihuéh scoëd ha cand meit ul livr.

354 Trois cent cinquante-quatre francs. *br. Trihuéh scoëd ha cand just.*

355 Trois cent cinquante-cinq francs. *br.* Trihuéh scoëd ha cand hag ul livr.

356 Trois cent cinquante-six francs. *br.* Nandec scoëd ha cand meit ul livr.

357 Trois cent cinquante-sept francs. *br. Nandec scoëd ha cand just.*

358 Trois cent cinquante-huit francs. *br.* Nandec scoëd ha cand hag ul livr.

359 Trois cent cinquante-neuf francs. *br.* Huéh uéguend scoëd meit ul livr.

360 Trois cent soixante francs. *br. Huéh uéguend scoëd just.*

361 Trois cent soixante-et-un francs. *br.* Huéh uéguend scoëd hag ul livr.

362 Trois cent soixante-deux francs. *br.* Ur scoëd ha huéh uéguend meit ul livr.

363 Trois cent soixante-trois francs. *br. Ur scoëd ha huéh uéguend just.*

364 Trois cent soixante-quatre francs. *br.* Ur scoëd ha huéh uéguend hag ul livr.

365 Trois cent soixante-cinq francs. *br.* Deu scoëd ha huéh uéguend meit ul livr.

366 Trois cent soixante-six francs. *br. Deu scoëd ha huéh uéguend just.*

367 fr. Trois cent soixante-sept francs. *br.* Deu scoëd ha huéh uéguend hag ul livr.

368 Trois cent soixante-huit francs. *br.* Tri scoëd ha huéh uéguend meit ul livr.

369 Trois cent soixante-neuf francs. *br. Tri scoëd ha huch uéguend just.*

370 Trois cent soixante-dix francs. *br.* Tri scoëd ha huéh uéguend hag ul livr.

371 Trois cent soixante-et-onze francs. *br.* Piar scoëd ha huéh uéguend meit ul livr.

372 Trois cent soixante-douze francs. *br. Piar scoëd ha huéh uéguend just.*

373 Trois cent soixante-treize francs. *br.* Piar scoëd ha huéh uéguend hag ul livr.

374 Trois cent soixante-quatorze francs. *br.* Pemp scoëd ha huéh uéguend meit ul livr.

375 Trois cent soixante-quinze francs. *br. Pemp scoëd ha huéh uéguend just.*

376 Trois cent soixante-seize francs. *br.* Pemp scoëd ha huéh uéguend hag ul livr.

377 Trois cent soixante-dix-sept francs. *br.* Huéh scoëd ha huéh uéguend meit ul livr.

378 Trois cent soixante-dix-huit francs. *br. Huéh scoëd ha huéh uéguend just.*

379 Trois cent soixante-dix-neuf francs. *br.* Huéh scoëd ha huéh uéguend hag ul livr.

380 Trois cent quatre-vingts francs. *br.* Seih scoëd ha huéh uéguend meit ul livr.

381 Trois cent quatre-vingt-un francs. *br. Seih scoëd ha huéh uéguend just.*

382 Trois cent quatre-vingt-deux francs. *br.* Seih scoëd ha huéh uéguend hag ul livr.

383 fr. Trois cent quatre-vingt-trois francs. *br.* Eih scoëd ha huéh uéguend meit ul livr.

384 Trois cent quatre-vingt-quatre francs. *br. Eih scoëd ha huéh uéguend just.*

385 Trois cent quatre-vingt-cinq francs. *br.* Eih scoëd ha huéh uéguend hag ul livr.

386 Trois cent quatre-vingt-six francs. *br.* Nàu scoëd ha huéh néguend meit ul livr.

387 Trois cent quatre-vingt-sept francs. *br. Nàu scoëd ha huéh uéguend just.*

388 Trois cent quatre-vingt-huit francs. *br.* Nàu scoëd ha huéh uéguend hag ul livr.

389 Trois cent quatre-vingt-neuf francs. *br.* Deù scoëd ha huéh uéguend meit ul livr.

390 Trois cent quatre-vingt-dix francs. *br. Dec scoëd ha huéh uéguend just.*

391 Trois cent quatre-vingt-onze francs. *br.* Dec scoëd ha huéh uéguend hag ul livr.

392 Trois cent quatre-vingt-douze francs. *br.* Unec scoëd ha huéh uéguend meit ul livr.

393 Trois cent quatre-vingt-treize francs. *br. Unec scoëd ha huéh uéguend just.*

394 Trois cent quatre-vingt-quatorze francs. *br.* Unec scoëd ha huéh uéguend hag ul livr.

395 Trois cent quatre-vingt-quinze francs. *br.* Deuzec scoëd ha huéh uéguend meit ul livr.

396 Trois cent quatre-vingt-seize francs. *br. Deuzec scoëd ha huéh uéguend just.*

397 Trois cent quatre-vingt-dix-sept francs. *br.* Deuzec scoëd ha huéh uéguend hag ul livr.

398 Trois cent quatre-vingt-dix-huit francs. *br.* Trizec scoëd ha huéh uéguend meit ul livr.

399 fr. Trois cent quatre-vingt-dix-neuf francs. *br. Trizec scoëd* ha huéh *uéguend just.*

400 Quatre cents francs. *br.* Trizec scoëd ha huéh uéguend hag ul livr.

401 Quatre cent un francs. *br.* Piarzec scoëd ha huéh uéguend meit ul livr.

402 Quatre cent deux francs. *br. Piarzec scoëd ha huéh uéguend just.*

403 Quatre cent trois francs. *br.* Piarzec scoëd ha huéh uéguend hag ul livr.

404 Quatre cent quatre francs. *br.* Pemzec scoëd ha huéh uéguend meit ul livr.

405 Quatre cent cinq francs. *br. Pemzec scoëd ha huéh uéguend just.*

406 Quatre cent six francs. *br.* Pemzec scoëd ha huéh uéguend hag ul livr.

407 Quatre cent sept francs. *br.* Huézec scoëd ha huéh uéguend meit ul livr.

408 Quatre cent huit francs. *br. Huézec scoëd ha huéh uéguend just.*

409 Quatre cent neuf francs. *br.* Huézec scoëd ha huéh uéguend hag ul livr.

410 Quatre cent dix francs. *br.* Seitec scoëd ha huéh uéguend meit ul livr.

411 Quatre cent onze francs. *br. Seitec scoëd ha huéh uéguend just.*

412 Quatre cent douze francs. *br.* Seitec scoëd ha huéh uéguend hag ul livr.

413 Quatre cent treize francs. *br.* Trihuéh scoëd ha huéh uéguend meit ul livr.

414 Quatre cent quatorze francs. *br. Trihuéh scoëd ha huéh uéguend just.*

415 fr. Quatre cent quinze francs. *br.* Trihuéh scoëd ha huéh uéguend hag ul livr.

416 Quatre cent seize francs. *br.* Nandec scoëd ha huéh uéguend meit ul livr.

417 Quatre cent dix-sept francs. *br. Nandec scoëd ha huéh uéguend just.*

418 Quatre cent dix-huit francs. *br.* Nandec scoëd ha huéh uéguend hag ul livr.

419 Quatre cent dix-neuf francs. *br.* Seih uéguend scoëd meit ul livr.

420 Quatre cent vingt francs. *br. Seih uéguend scoëd just.*

421 Quatre cent vingt-et-un francs. *br.* Seih uéguend scoëd hag ul livr.

422 Quatre cent vingt-deux francs. *br.* Ur scoëd ha seih uéguend meit ul livr.

423 Quatre cent vingt-trois francs. *br. Ur scoëd ha seih uéguend just.*

424 Quatre cent vingt-quatre francs. *br.* Ur scoëd ha seih uéguend hag ul livr.

425 Quatre cent vingt-cinq francs. *br.* Deu scoëd ha seih uéguend meit ul livr.

426 Quatre cent vingt-six francs. *br. Deu scoëd ha seih uéguend just.*

427 Quatre cent vingt-sept francs. *br.* Deu scoëd ha seih uéguend hag ul livr.

428 Quatre cent vingt-huit francs. *br.* Tri scoëd ha seih uéguend meit ul livr.

429 Quatre cent vingt-neuf francs. *br. Tri scoëd ha seih uéguend just.*

430 Quatre cent trente francs. *br.* Tri scoëd ha seih uéguend hag ul livr.

431 fr. Quatre cent trente-et-un francs. *br.* Piar scoëd
ha seih uéguend meit ul livr.

432 Quatre cent trente-deux francs. *br. Piar scoëd
ha seih uéguend just.*

433 Quatre cent trente-trois francs. *br.* Piar scoëd ha
seih uéguend hag ul livr.

434 Quatre cent trente-quatre francs. *br.* Pemp scoëd
ha seih uéguend meit ul livr.

435 Quatre cent trente-cinq francs. *br. Pemp scoëd
ha seih uéguend just.*

436 Quatre cent trente-six francs. *br.* Pemp scoëd ha
seih uéguend hag ul livr.

437 Quatre cent trente-sept francs. *br.* Huéh scoëd ha
seih uéguend meit ul livr.

438 Quatre cent trente-huit francs. *br. Huéh scoëd
ha seih uéguend just.*

439 Quatre cent trente-neuf francs. *br.* Huéh scoëd ha
seih uéguend hag ul livr.

440 Quatre cent quarante francs. *br.* Seih scoëd ha
seih uéguend meit ul livr.

441 Quatre cent quarante-et-un francs. *br. Seih scoëd
ha seih uéguend just.*

442 Quatre cent quarante-deux francs. *br.* Seih scoëd
ha seih uéguend hag ul livr.

443 Quatre cent quarante-trois francs. *br.* Eih scoëd
ha seih uéguend meit ul livr.

444 Quatre cent quarante-quatre francs. *br. Eih scoëd
ha seih uéguend just.*

445 Quatre cent quarante-cinq francs. *br.* Eih scoëd
ha seih uéguend hag ul livr.

446 Quatre cent quarante-six francs. *br.* Nàu scoëd ha
seih uéguend meit ul livr.   6

447 fr. Quatre cent quarante-sept francs. *br. Nàu scoëd ha seih uéguend just.*

448 Quatre cent quarante-huit francs. *br.* Nàu scoëd ha seih uéguend hag ul livr.

449 Quatre cent quarante-neuf francs. *br.* Dec scoëd ha seih uéguend meit ul livr.

450 Quatre cent cinquante francs. *br. Dec scoëd ha seih uéguend just ou ur hant hanter.*

451 Quatre cent cinquante-et-un francs. *br.* Dec scoëd ha seih uéguend hag ul livr.

452 Quatre cent cinquante-deux francs. *br.* Unec scoëd ha seih uéguend meit ul livr.

453 Quatre cent cinquante-trois francs. *br. Unec scoëd ha seih uéguend just.*

454 Quatre cent cinquante-quatre francs. *br.* Unec scoëd ha seih uéguend hag ul livr.

455 Quatre cent cinquante-cinq francs. *br.* Deuzec scoëd ha seih uéguend meit ul livr.

456 Quatre cent cinquante-six francs. *br. Deuzec scoëd ha seih uéguend just.*

457 Quatre cent cinquante-sept francs. *br.* Deuzec scoëd ha seih uéguend hag ul livr.

458 Quatre cent cinquante-huit francs. *br.* Trizec scoëd ha seih uéguend meit ul livr.

459 Quatre cent cinquante-neuf francs. *br. Trizec scoëd ha seih uéguend just.*

460 Quatre cent soixante francs. *br.* Trizec scoëd ha seih uéguend hag ul livr.

461 Quatre cent soixante-et-un francs. *br.* Piarzec scoëd ha seih uéguend meit ul livr.

462 Quatre cent soixante-deux francs. *br. Piarzec scoëd ha seih uéguend just.*

463 fr. Quatre cent soixante-trois francs. *br.* Piarzec scoëd ha seih uéguend hag ul livr.

464 Quatre cent soixante-quatre francs. *br.* Pemzec scoëd ha seih uéguend meit ul livr.

465 Quatre cent soixante-cinq francs. *br. Pemzec scoëd ha seih uéguend just.*

466 Quatre cent soixante-six francs. *br.* Pemzec scoëd ha seih uéguend hag ul livr.

467 Quatre cent soixante-sept francs. *br.* Huézec scoëd ha seih uéguend meit ul livr.

468 Quatre cent soixante-huit francs. *br. Huézec scoëd ha seih uéguend just.*

469 Quatre cent soixante-neuf francs. *br.* Huézec scoëd ha seih uéguend hag ul livr.

470 Quatre cent soixante-dix francs. *br.* Seitec scoëd ha seih uéguend meit ul livr.

471 Quatre cent soixante-et-onze francs. *br. Seitec scoëd ha seih uéguend just.*

472 Quatre cent soixante-douze francs. *br.* Seitec scoëd ha seih uéguend hag ul livr.

473 Quatre cent soixante-treize francs. *br.* Trihuéh scoëd ha seih uéguend meit ul livr.

474 Quatre cent soixante-quatorze francs. *br. Trihuéh scoëd ha seih uéguend just.*

475 Quatre cent soixante-quinze francs. *br.* Trihuéh scoëd ha seih uéguend hag ul livr.

476 Quatre cent soixante seize francs. *br.* Nandec scoëd ha seih uéguend meit ul livr.

477 Quatre cent soixante-dix-sept francs. *br. Nandec scoëd ha seih uéguend just.*

478 Quatre cent soixante-dix-huit francs. *br.* Nandec scoëd ha seih uéguend hag ul livr.

479 fr. Quatre cent soixante-dix-neuf francs. *br.* Eih ué-
guend scoëd meit ul livr.

480 Quatre cent quatre-vingts francs. *br. Eih uéguend
scoëd just.*

481 Quatre cent quatre-vingt-un francs. *br.* Eih ué-
guend scoëd hag ul livr.

482 Quatre cent quatre-vingt-deux francs. *br.* Ur scoëd
hag eih uéguend meit ul livr.

483 Quatre cent quatre-vingt-trois francs. *br. Ur
scoëd hag eih uéguend just.*

484 Quatre cent quatre-vingt-quatre francs. *br.* Ur
scoëd hag eih uéguend hag ul livr.

485 Quatre cent quatre-vingt-cinq francs. *br.* Deu scoëd
hag eih uéguend meit ul livr.

486 Quatre cent quatre-vingt-six francs. *br. Deu scoëd
hag eih uéguend just.*

487 Quatre cent quatre-vingt-sept francs. *br.* Deu
scoëd hag eih uéguend hag ul livr.

488 Quatre cent quatre-vingt-huit francs. *br.* Tri scoëd
hag eih uéguend meit ul livr.

489 Quatre cent quatre-vingt-neuf francs. *br. Tri
scoëd hag eih uéguend just.*

490 Quatre cent quatre-vingt-dix francs. *br.* Tri scoëd
hag eih uéguend hag ul livr.

491 Quatre cent quatre-vingt onze francs. *br.* Piar
scoëd hag eih uéguend meit ul livr.

492 Quatre cent quatre-vingt-douze francs. *br. Piar
scoëd hag eih uéguend just.*

493 Quatre cent quatre-vingt-treize francs. *br.* Piar
scoëd hag eih uéguend hag ul livr.

494 Quatre cent quatre-vingt-quatorze fr. *br.* Pemp
scoëd hag eih uéguend meit ul livr.

495 fr. Quatre cent quatre-vingt-quinze francs. *br. Pemp scoëd hag eih uéguend just.*

496 Quatre cent quatre-vingt-seize francs. *br.* **Pemp** scoëd hag eih uéguend hag ul livr.

497 Quatre cent quatre-vingt-dix-sept francs. *br.* **Huéh** scoëd hag eih uéguend meit ul livr.

498 Quatre cent quatre-vingt-dix-huit francs. *br. Huéh scoëd hag eih uéguend just.*

499 Quatre cent quatre-vingt dix-neuf francs. *br.* Huéh scoëd hag eih uéguend hag ul livr.

500 Cinq cents francs. *br.* Seih scoëd hag eih uéguend meit ul livr.

501 Cinq cent un francs. *br. Seih scoëd hag eih uéguend just.*

502 Cinq cent deux francs. *br.* Seih scoëd hag eih uéguend hag ul livr.

503 Cinq cent trois francs. *br.* Eih scoëd hag eih uéguend meit ul livr.

504 Cinq cent quatre francs. *br. Eih scoëd hag eih uéguend just.*

505 Cinq cent cinq francs. *br.* Eih scoëd hag eih uéguend hag ul livr.

506 Cinq cent six francs. *br* Nàu scoëd hag eih uéguend meit ul livr.

507 Cinq cent sept francs. *br. Nàu scoëd hag eih uéguend just.*

508 Cinq cent huit francs. *br.* Nàu scoëd hag eih uéguend hag ul livr.

509 Cinq cent neuf francs. *br.* Dec scoëd hag eih uéguend meit ul livr.

510 Cinq cent dix francs. *br. Dec scoëd hag eih uéguend just.*

511 fr. Cinq cent onze francs. *br.* Dec scoëd hag eih né-
guend hag ul livr.

512 Cinq cent douze francs. *br.* Unec scoëd hag eih
uéguend meit ul livr.

513 Cinq cent treize francs. *br. Unec scoëd hag eih
uéguend just.*

514 Cinq cent quatorze francs. *br.* Unec scoëd hag eih
uéguend hag ul livr.

515 Cinq cent quinze francs. *br.* Deuzec scoëd hag eih
uéguend meit ul livr.

516 Cinq cent seize francs. *br. Deuzec scoëd hag
eih uéguend just.*

517 Cinq cent dix sept francs. *br.* Deuzec scoëd hag
eih uéguend hag ul livr.

518 Cinq cent dix-huit francs. *br.* Trizec scoëd hag
eih uéguend meit ul livr.

519 Cinq cent dix-neuf francs. *br. Trizec scoëd hag
eih uéguend just.*

520 Cinq cent vingt francs. *br.* Trizec scoëd hag eih
uéguend hag ul livr.

521 Cinq cent vingt-et-un francs. *br.* Piarzec scoëd
hag eih uéguend meit ul livr.

522 Cinq cent vingt-deux francs. *br. Piarzec scoëd
hag eih uéguend just.*

523 Cinq cent vingt-trois francs. *br.* Piarzec scoëd hag
eih uéguend hag ul livr.

524 Cinq cent vingt-quatre francs. *br.* Pemzec scoëd
hag eih uéguend meit ul livr.

525 Cinq cent vingt-cinq francs. *br. Pemzec scoëd
hag eih uéguend just.*

526 Cinq cent vingt-six francs. *br.* Pemzec scoëd hag
eih uéguend hag ul livr.

527 fr. Cinq cent vingt-sept francs. *br.* Huézec scoëd
hag eih uéguend meit ul livr.

528 Cinq cent vingt-huit francs. *br. Huézec scoëd
hag eih uéguend just.*

529 Cinq cent vingt-neuf francs. *br.* Huézec scoëd hag
eih uéguend hag ul livr.

530 Cinq cent trente francs. *br.* Seitec scoëd hag eih
uéguend meit ul livr.

531 Cinq cent trente-et-un francs. *br. Seitec scoëd
hag eih uéguend just.*

532 Cinq cent trente-deux francs. *br.* Seitec scoëd hag
eih uéguend hag ul livr.

533 Cinq cent trente-trois francs. *br.* Trihuéh scoëd
hag eih uéguend meit ul livr.

534 Cinq cent trente-quatre francs. *br. Trihuéh scoëd
ha seih uéguend just.*

535 Cinq cent trente-cinq francs. *br.* Trihuéh scoëd
hag eih uéguend hag ul livr.

536 Cinq cent trente-six francs. *br.* Nandec scoëd hag
eih uéguend meit ul livr.

537 Cinq cent trente-sept francs. *br. Nandec scoëd
ha eih uéguend just.*

538 Cinq cent trente-huit francs. *br.* Nandec scoëd
hag eih uéguend hag ul livr.

539 Cinq cent trente-neuf francs. *br.* Nàu uéguend
scoëd meit ul livr.

540 Cinq cent quarante francs. *br. Nàu uéguend scoëd
just.*

541 Cinq cent quarante-et-un francs. *br.* Nàu uéguend
scoëd hag ul livr.

542 Cinq cent quarante-deux francs. *br.* Ur scoëd ha
nàu uéguend meit ul livr.

543 fr. Cinq cent quarante-trois francs. *br. Ur scoëd ha nàu uéguend just.*

544 Cinq cent quarante-quatre francs. *br.* Ur scoëd ha nàu uéguend hag ul livr.

545 Cinq cent quarante-cinq francs. *br.* Deu scoëd ha nàu uéguend meit ul livr.

546 Cinq cent quarante-six francs. *br. Deu scoëd ha nàu uéguend just.*

547 Cinq cent quarante-sept francs. *br.* Deu scoëd ha nàu uéguend hag ul livr.

548 Cinq cent quarante-huit francs. *br.* Tri scoëd ha nàu uéguend meit ul livr.

549 Cinq cent quarante-neuf francs. *br. Tri scoëd ha nàu uéguend just.*

550 Cinq cent cinquante francs. *br.* Tri scoëd ha nàu uéguend hag ul livr.

551 Cinq cent cinquante-et-un francs. *br.* Piar scoëd ha nàu uéguend meit ul livr.

552 Cinq cent cinquante-deux francs. *br. Piar scoëd ha nàu uéguend just.*

553 Cinq cent cinquante-trois francs. *br.* Piar scoëd ha nàu uéguend hag ul livr.

554 Cinq cent cinquante-quatre francs. *br.* Pemp scoëd ha nàu uéguend meit ul livr.

555 Cinq cent cinquante-cinq francs. *br. Pemp scoëd ha nàu uéguend just.*

556 Cinq cent cinquante-six francs. *br.* Pemp scoëd ha nàu uéguend hag ul livr.

557 Cinq cent cinquante-sept francs. *br.* Huéh scoëd ha nàu uéguend meit ul livr.

558 Cinq cent cinquante-huit francs. *br. Huéh scoëd ha nàu uéguend just.*

559 fr. Cinq cent cinquante-neuf francs. *br.* Huéh scoëd ha nàu uéguend hag ul livr.

560 Cinq cent soixante francs. *br.* Seih scoëd ha nàu uéguend meit ul livr.

561 Cinq cent soixante-et-un francs. *br. Seih scoëd ha nàu uéguend just.*

562 Cinq cent soixante-deux francs. *br.* Seih scoëd ha nàu uéguend hag ul livr.

563 Cinq cent soixante-trois francs. *br.* Eih scoëd ha nàu uéguend meit ul livr.

564 Cinq cent soixante-quatre francs. *br. Eih scoëd ha nàu uéguend just.*

565 Cinq cent soixante-cinq francs. *br.* Eih scoëd ha nàu uéguend hag ul livr.

566 Cinq cent soixante-six francs. *br.* Nàu scoëd ha nàu uéguend meit ul livr.

567 Cinq cent soixante-sept francs. *br. Nàu scoëd ha nàu uéguend just.*

568 Cinq cent soixante-huit francs. *br.* Nàu scoëd ha nàu uéguend hag ul livr.

569 Cinq cent soixante-neuf francs. *br.* Dec scoëd ha nàu uéguend meit ul livr.

570 Cinq cent soixante-dix francs. *br. Dec scoëd ha nàu uéguend just.*

571 Cinq cent soixante-et-onze francs. *br.* Dec scoëd ha nàu uéguend hag ul livr.

572 Cinq cent soixante-douze francs. *br.* Unec scoëd ha nàu uéguend meit ul livr.

573 Cinq cent soixante-treize francs. *br. Unec scoëd ha nàu uéguend just.*

574 Cinq cent soixante-quatorze francs. *br.* Unec scoëd ha nàu uéguend hag ul livr.　　　7

575 fr. Cinq cent soixante-quinze francs. *br.* Deuzec scoëd
ha nàu uéguend meit ul livr.

576 Cinq cent soixante-seize francs. *br. Deuzec scoëd*
ha nàu uéguend just.

577 Cinq cent soixante-dix-sept francs. *br.* Deuzec
scoëd ha nàu uéguend hag ul livr.

578 Cinq cent soixante-dix-huit francs. *br.* Trizec scoëd
ha nàu uéguend meit ul livr.

579 Cinq cent soixante-dix-neuf francs. *br. Trizec*
scoëd ha nàu uéguend just.

580 Cinq cent quatre-vingts francs. *br.* Trizec scoëd
ha nàu uéguend hag ul livr.

581 Cinq cent quatre-vingt-un francs. *br.* Piarzec scoëd
ha nàu uéguend meit ul livr.

582 Cinq cent quatre-vingt-deux francs. *br. Piarzec*
scoëd ha nàu uéguend just.

583 Cinq cent quatre-vingt-trois francs. *br.* Piarzec
scoëd ha nàu uéguend hag ul livr.

584 Cinq cent quatre-vingt-quatre francs. *br.* Pemzec
scoëd ha nàu uéguend meit ul livr.

585 Cinq cent quatre-vingt-cinq francs. *br. Pemzec*
scoëd ha nàu uéguend just.

586 Cinq cent quatre-vingt-six francs. *br.* Pemzec scoëd
ha nàu uéguend hag ul livr.

587 Cinq cent quatre-vingt-sept francs. *br.* Huézec
scoëd ha nàu uéguend meit ul livr.

588 Cinq cent quatre-vingt-huit francs. *br. Huézec*
scoëd ha nàu uéguend just.

589 Cinq cent quatre-vingt-neuf francs. *br.* Huézec
scoëd ha nàu uéguend hag ul livr.

590 Cinq cent quatre-vingt-dix francs. *br.* Seitec scoëd
ha nàu uéguend meit ul livr.

591 fr. Cinq cent quatre-vingt-onze francs. *br. Seitec scoëd ha nàu uéguend just.*

592 Cinq cent quatre-vingt-douze francs. *br.* Seitec scoëd ha nàu uéguend hag ul livr.

593 Cinq cent quatre-vingt treize francs. *br.* Trihuéh scoëd ha nàu uéguend meit ul livr.

594 Cinq cent quatre-vingt-quatorze francs. *br. Trihuéh scoëd ha nàu uéguend just.*

595 Cinq cent quatre-vingt-quinze francs. *br.* Trihuéh scoëd ha nàu uéguend hag ul livr.

596 Cinq cent quatre-vingt-seize francs. *br.* Nandec scoëd ha nàu uéguend meit ul livr.

597 Cinq cent quatre-vingt-dix-sept francs. *br. Nandec scoëd ha nàu uéguend just.*

598 Cinq cent quatre-vingt-dix-huit francs. *br.* Nandec scoëd ha nàu uéguend hag ul livr.

599 Cinq cent quatre-vingt-dix-neuf francs. *br. Deu gand scoëd meit ul livr.*

600 Six cents francs. *br. Deu gand scoëd just.*

Observations. 1. On voit que, depuis 5 centimes jusqu'à 20 francs, on a employé les sous, *blanq*, et les réaux, *réal*. 2. Que, depuis 3 francs, on a employé l'écu, *scoëd*; qu'on a compté par unité d'écu jusqu'à 120 francs, *deu uéguend scoëd*. 3. Que, depuis cette limite, on a continué jusqu'à 599 fr., que l'on traduit par *deu gand scoëd meit ul livr*, deux cents écus moins une livre. On a compté par vingtaines d'écus; ainsi, *nandec scoëd ha cand hag ul livr* (358 fr.), signifie *cent dix-neuf écus plus une livre*. *Meit* signifie donc *moins*. *Ha* et *hag* signifie *et* ou *plus*.

Maintenant il est bon de savoir que les Bretons ne disent guère centimes, *centimeu*. Chez eux le centime est remplacé par le *liard*, qu'ils prononcent *liarde*. *Ul liarde*, *deu liarde*, *tri liarde*, signifient donc un, deux, trois centimes; quatre de ces *liards* faisaient un sou (*ur blanq*).

Aujourd'hui le sou passe en compte pour cinq centimes. Cependant, *rigoureusement*, le liard vaut moins que le centime, puisque, pour représenter le sou actuel estimé 5 cinq centimes, il faudrait 5 pièces d'un *liard*.

En breton on considère aussi le denier, *en diner*. Ainsi, pour dire six liards, on dit souvent *trihuéh diner*, dix-huit deniers. Le *liard* vaut donc trois deniers. *Er ganvet diner* signifie, dans l'idiôme breton, le *droit de mutation*. Quand je dis que le liard vaut moins que le centime, j'entends dans la comptabilité : car si l'on a égard à la valeur intrinsèque, le centime ne vaut réellement que 2 deniers et 43 centièmes de deniers.

L'usage en breton est encore de compter par *louis* et par double *louis* (*ul loys eur*, *deu loys eur*). On sait que le louis valait 24 livres *tournois*, et le double louis 48 livres.

La pistole bretonne (*ur pistôl*) valait 9 livres *tournois*.

700 fr. Sept cents francs. *br*. Seih cand livr *ou* deu gand tri scoëd ha tregond hag ul livr.

800 Huit cents francs. *br*. Eih cand livr *ou* deu gand seih scoëd ha tri uéguend meit ul livr.

900 Neuf cents francs. *br*. *Nàu hand livr* ou *tri hand scoëd just*.

1,000 fr. Mille francs. *br*. Mill livr *ou* tri hand tri scoëd ha tregond hag ul livr.

1,100 Onze cents francs. *br*. Unec cand livr *ou* piar hand scoëd meit cand livr.

1,200 Douze cents francs. *br*. *Piar hand scoëd just*.

1,300 fr. Treize cents francs. *br*. Trizec cand livr *ou* piar hand scoëd ha cand livr.

1,400 Quatorze cents francs. *br*. Pemp cand scoëd meit cand livr.

1,500 Quinze cents francs. *br*. *Pemp cand scoëd just*.

1,600 Seize cents francs. *br*. Pemp cand scoëd ha cand livr.

1,700 Dix-sept cents francs. *br*. Huéh cand scoëd meit cand livr.

1,800 Dix-huit cents francs. *br*. *Huéh cand scoëd just*.

1,900 Dix-neuf cents francs. *br*. Huéh cand scoëd ha cand livr.

2,000 Deux mille francs. *br*. Seih cand scoëd meit cand livr.

2,100 Deux mille cent francs. *br*. *Seih cand scoëd just*.

2,200 Deux mille deux cents francs. *br*. Seih cand scoëd ha cand livr.

2,300 Deux mille trois cents francs. *br*. Eih cand scoëd meit cand livr.

2,400 Deux mille quatre cents francs. *br*. *Eih cand scoëd just*.

2,500 Deux mille cinq cents francs. *br*. Eih cand scoëd ha cand livr.

2,600 Deux mille six cents francs. *br*. Nàu hand scoëd meit cand livr.

2,700 Deux mille sept cents francs. *br*. *Nàu hand scoëd just*.

2,800 Deux mille huit cents francs. *br*. Nàu hand scoëd ha cand livr.

2,900 fr. Deux mille neuf cents francs. *br.* Mill scoëd
meit cand livr.

3,000 Trois mille francs. *br. Mill scoëd just* ou *tri
mill livr.*

NOTA. Il faut se rappeler que cent francs font *tri scoëd
ha tregond hag ul livr* ; ainsi on pourra remplacer *cand
livr* par cette dénomination complexe.

3,300 fr. Trois mille trois cents francs. *br.* Unec cand
scoëd.

3,600 Trois mille six cents francs. *br.* Deuzec cand
scoëd.

3,900 Trois mille neuf cents francs. *br.* Trizec cand
scoëd.

4,200 Quatre mille deux cents francs. *br.* Piarzec cand
scoël.

4,500 Quatre mille cinq cents francs. *br.* Pemzec cand
scoëd.

4,800 Quatre mille huit cents francs. *br.* Huézec cand
scoëd.

5,100 Cinq mille cent francs. *br.* Seitec cand scoëd.

5,400 Cinq mille quatre cents francs. *br.* Trihuéh cand
scoëd.

5,700 Cinq mille sept cents francs. *br.* Nandec cand
scoëd.

6,000 Six mille francs. *br.* Deu vil scoëd (On ne dit
pas *uéguend cand.*)

Mais on dira pour :

6,300 Six mille trois cents francs. *br.* Ur hant ar-
n'uéguend.

6,600 fr. Six mille six cents francs. *br*. Deu gaud ar-
n'uéguend.

6,900   Six mille neuf cents francs. *br*. Tri hant ar-
n'uéguend.

7,200   Sept mille deux cents francs. *br*. Piar hant ar-
n'uéguend.

7,500   Sept mille cinq cents francs. *br*. Pemp cand ar-
n'uéguend.

7,800   Sept mille huit cents francs. *br*. Huéh cand ar-
n'uéguend.

8,100   Huit mille cent francs. *br*. Seih cand ar n'ué-
guend.

8,400   Huit mille quatre cents francs. *br*. Eih cand ar-
n'uéguend.

8,700   Huit mille sept cents francs. *br*. Nàu hand ar-
n'uéguend.

9,000   Neuf mille francs. *br*. Tri mill scoëd (On ne dit
pas *tregond cand*, trente centaines d'écus).

Avant d'aller plus loin, il est bon de savoir : 1. Que, si l'on prend le tiers en breton, *en derderan*, de la collection de chiffres exprimant les francs, le reste 1 indique le surplus du nombre exact d'écus trouvé au quotient. Le reste 2 fera connaître qu'il manque seulement 1 franc pour atteindre le nombre exact d'écus immédiatement supérieur.

Exemples : 631 fr. divisé par 3 donne 210 écus et un franc (*deu gand deu scoëd hay ul livr*); 632 fr. divisé par 3 donne 220 écus, plus 2 francs, c'est-à-dire 211 écus moins un franc (*deu gand unec scoëd meit ul livr*). Enfin le nombre sera exact en écus, si la division se fait sans reste; 633 divisé par 3 donne 211 *écus juste* (*deu gand unec scoëd just*).

Réciproquement, pour convertir des écus en francs, on multiplie le nombre d'écus par 3 : ainsi, 221 multiplié par 3 donne 633 francs *juste*.

Que, si le nombre de francs est accompagné de centimes, on se reportera au commencement du tableau. Ainsi l'on trouvera que le nombre 641 fr. 45 vaut 210 écus, une livre et neuf sous (*deu gand dec scoëd hanter meit ur blanq*).

2. Qu'il faut diviser par 300 le nombre de francs pour les convertir en centaines d'écus : ainsi, 6,300 divisé par 300 donne au quotient 21 centaines d'écus, c'est-à-dire, *ur hand ar-n'uéguend*. Et réciproquement pour convertir les centaines d'écus en francs. Il faut multiplier par 3 les chiffres qui expriment les centaines d'écus ; le produit sera le nombre en francs. Ainsi 6,300 fr. donnant en écus 21 centaines *juste*, si l'on multiplie ces 21 centaines par 3, on aura 63, nombre auquel ajoutant deux zéros on reproduira 6,300 francs *juste*, et ainsi des autres cas.

Moyennant ces indications, et celles que nous avons mises à la page 51, l'intelligence de ce tableau n'offrira aucune difficulté sérieuse.

12,000 fr. Douze mille francs. *br.* Piar mill scoëd.
15,000 Quinze mille francs. *br.* Pemp mill scoëd.
18,000 Dix-huit mille francs. *br.* Huéh mill scoëd.
21,000 Vingt-un mille francs. *br* Seih mill scoëd.
24,000 Vingt-quatre mille francs. *br.* Eih mill scoëd.
27,000 Vingt-sept mille francs. *br.* Nau mill scoëd.
30,000 Trente mille francs. *br.* Dec mill scoëd.
33,000 Trente-trois mille francs. *br.* Unec mill scoëd.
36,000 Trente-six mille francs. *br.* Deuzec mill scoëd.
39,000 Trente-neuf mille francs. *br.* Trizec mill scoëd.

42,000 fr. Quarante-deux mille francs. *br.* Piarzec mill scoëd.

45,000 Quarante-cinq mille francs. *br.* Pemzec mill scoëd.

48,000 Quarante-huit mille francs. *br.* Huézec mill scoëd.

51,000 Cinquante-et-un mille francs. *br.* Seitec mill scoëd.

54,000 Cinquante-quatre mille francs. *br.* Trihuéh mill scoëd.

57,000 Cinquante-sept mille francs. *br.* Nandec mill scoëd.

60,000 Soixante mille francs. *br.* Uéguend mill scoëd.

63,000 Soixante-trois mille francs. *br.* Ur mill ar-n'ué-guend (scoëd est sous-entendu).

66,000 Soixante-six mille francs. *br.* Deu vil ar-n'ué-guend.

69,000 Soixante-neuf mille francs. *br.* Tri mill ar-n'uéguend.

72,000 Soixante-douze mille francs. *br.* Piar mille ar-n'uéguend.

75,000 Soixante-quinze mille francs. *br.* Pemp mill ar-n'uéguend.

78,000 Soixante-dix-huit mille francs. *br.* Huéh mill ar-n'uéguend.

81,000 Quatre-vingt-un mille francs. *br.* Seih mill ar-n'uéguend.

84,000 Quatre-vingt-quatre mille francs. *br.* Eih mill ar-n'uéguend.

87,000 Quatre-vingt-sept mille francs. *br.* Nau mill ar-n'uéguend.

8

90,000 fr. Quatre-vingt-dix mille francs. *br*. Tregond mill scoëd.

93,000 Quatre-vingt-treize mille francs. *br*. Ur mill ha tregond (*scoëd est sous-entendu*).

96,000 Quatre-vingt-seize mille francs. *br*. Deu vill ha tregond.

99,000 Quatre-vingt-dix-neuf mille francs. *br*. Tri mill ha tregond.

100,000 fr. Cent mille francs. *br*. Tri ha tregond mill, tri hand ha tri scoëd ha tregond hag ul livr.

200,000 Deux cent mille francs. *br*. Huéh mill ha tri uéguend, huéh cand seih scoëd ha tri uéguend meit ul livr.

300,000 Trois cent mille francs. *br*. *Cand mill scoëd just*.

400,000 Quatre cent mille francs. *br*. Cand tri ha tregond mill, tri hand tri scoëd ha tregond hag ul livr.

500,000 Cinq cent mille francs. *br*. Cand huéh ha tri uéguend mill, huéh cand seih scoëd ha tri uéguend meit ul livr.

600,000 Six cent mille francs. *br*. *Deu gand mill scoëd just*.

700,000 Sept cent mille francs. *br*. Deu gand deu ha tregond mill, tri hand tri scoëd ha tregond hag ul livr.

800,000 Huit cent mille francs. *br*. Deu gand huéh mill ha tri uéguend, huéh cand seih scoëd ha tri uéguend meit ul livr.

900,000 Neuf cent mille francs. *br*. Tri hand mill scoëd.

1,000,000   Un million. *br.* Ur milion. Tri hand tri ha tregond mill, tri hand tri scoëd ha tregond hag ul livr.

1,000,000,000   Un billion *ou* un milliard. *br.* Ur bilion *ou* ur miliarde. Tri hand tri ha tregond milion, tri hand tri ha tregond mill, tri hand tri scoëd ha tregond hag ul livr.

FIN DU TABLEAU NUMÉRAL.

NOMBRES ORDINAUX.

Les nombres ordinaux se forment des cardinaux, en ajoutant *ved.* Le troisième, *en drived* ; le septième, *er seihved*, etc.

Font exception premier, deuxième. En breton, *er hetan, en eül* ; et, au féminin, *er guetan*, la première. Le premier homme, *er hetan den* ou *en den quetan.* La première femme, *er guetan mvés* ou *er voués guetan.*

Au reste, *quetan* signifie premier, sans article. *Quetan chapistr*, chapitre premier.

Quand il s'agit de dates, le nombre cardinal remplace le nombre ordinal.

Pour 1844, on dira *er blai mil eih cand piar ha deu uéguend*, et non *piarved ha deu uéguend.*

CALENDRIER FRANÇAIS-BRETON.

Mois de l'année. — Er misieu ag er blaï.

Janvier. *br*. Guænnyer.

Février. *br*. Huavrær.

Mars. *br*. Mærh.

Avril. *br*. Imbrill.

Mai. *br*. May.

Juin. *br*. Mayéhüein.

Juillet. *br*. Gourhélin *ou* Mayéuénic.

Août. *br*. Æst.

Septembre. *br*. Guennolom *ou* mis Maindæmp.

Octobre. *br*. Gouile-Miquéle.

Novembre. *br*. Calan-Gouian *ou* Quevert du.

Décembre. *br*. En avent *ou* Mis du.

Jours de la semaine. — En deïeu ag er suhunn.

Dimanche. *br*. Dissul.

Lundi. *br*. Dilüin.

Mardi. *br*. Dimærh.

Mercredi. *br*. Dimærher.

Jeudi. *br*. Dirieu.

Vendredi. *br*. Diguiner.

Samedi. *br*. Sadorne *et* dé-sadorne.

OBSERVATION. Quand ces mots sont accompagnés de l'article *er*, ils marquent seulement tel ou tel jour. *Er sul, el lunn, er mærh, er mærher, er rieu, er guiner, er sadorne*, signifient le dimanche, le lundi, le mardi, le

mercredi, le jeudi, le vendredi, le samedi. Par exemple :
Me yei d'er sul, j'irai le dimanche.

Mais quand on veut désigner la proximité du jour, on met *di* devant le nom du jour. Par exemple : J'irai me promener jeudi ; *me yei de valé dirieu*. Ainsi *er* ou *el* indiquent l'espèce ou la nature du jour ; *di* désigne la proximité.

Calendrier perpétuel.	**Calanderreit bihuiquin.**
Français.	*Breton.*

Français.

Pour n'être pas obligé de consulter à chaque instant, ou autrui ou son almanach, il n'y a qu'à retenir quelle espèce de jour de la semaine tombe le 1er d'un mois. Le 8e, le 15e, le 22e, le 29e jour tomberont le même jour. Ainsi sachant que le 1er août 1844 tombe le jeudi, je pars de ce point et je trouve le 29 d'août un jeudi (car août est de 31 jours) ; d'où je conclus que le 1er septembre sera le dimanche suivant. Ces extrèmes (le 1er et le 29e jour) établis, rien de plus facile que d'intercaler les autres jours, et de faire soi-même son calendrier.

Breton.

Aveit non pas bout obliget de gonsultein er ral pe en *almanach* e peb momand, ne faut quin meit drehel chonge ag en dé ma coéh er hetan ag ur mis. En eihved, er bemzecved, en deuved ar-n'uéguend, en nau ar-n'uéguend e arribue er mémess dé. El-cé pe ouian e ma er hetan dé a vis æst er blai 1844 derrieu, me gontc ag er poënt-cé, ha me gave en nau ar-n'uéguend a vis æst der mærh : vis æst e dès un dé ha tregond. Me lare neze penaus de quetan guennolom e goéhou der sul ar lérh. Dre voyant poënteucé e ma æs asses placein en deïeu aral ag er suhunn, e de bep unan gobei eun-mèm e galander.

---

poids et mesures.

Français.

Autrefois les mesures de

pouizeu ha musulieu.

Breton.

Guéh-aral er musulieu à

Français.	_Breton._
longueur étaient la toise, le le pied, le pouce, la ligne.	hést e oé en tæsse, en træ-test, er medad, el linênn.
La toise valait six pieds; pied valait douze pouces, le pouce valait douze lignes.	En tæsse e dallé huéh træ-tett; en trætett e dallé deuzec medad; er medad e dallé deu-zec linênn.
— Pour les étoffes et la toile, on employait l'aune, qui valait quarante-quatre pouces.	Aveit er mibier e impléent er oalenn, e dallé piar medad ha deu uéguend.
— Pour les distances d'un lieu à un autre, on comptait par lieues. La lieue valait deux mille cinq cent toises.	En hend agul léh d'en aral, e gontent dre léauïeu. El léau e dallé deu vill pemp cand tæsse.
— Pour mesurer la terre on se servait de différentes mesures. Celle de Bretagne était la corde, qui valait vingt-quatre pieds.	Eit musulein en douar um chervigent a vusulieu dissa-vale. En hani e Vretagn e oé er gordenn, e dallé piar træ-tett ar-n'uéguend.
Quatre-vingt de ces cordes (carrées) faisaient un journal de Bretagne.	Piar uéguend cordenn (caré) e dallé ur heyer douar, pe un déhuéh aral à Vretagn.
Il y avait aussi l'arpent un peu plus grand.	En arpant gallec e oé brassoh.
— Le bois de chauffage s'estimait par _cordès_. La corde de bois était différente suivant les lieux, même en Bretagne. Il y avait une corde de sept pieds de long sur cinq de haut, et deux pieds et demi de large (longueur de bille).	Er hoait tân e oé œstimet dre gorden. Er gorden coait e oé dissavale re vé er hanto-nieu memes e Bretagn. Bout e oé ur gordenn a seih trætett à héel, ar bemp à sau, ha deu drætett hanter à léhéel (héel en tameu coait).
— Le bois de construction s'évaluait au pied cube. Le pied cube valait dix-sept cent vingt-huit pouces cubes.	Er hoait labour e oé mu-sulet guet en trætéet cub, pehani e dallé seitec cand eih ar n'uéguend medad cub.
(Il faut entendre par cube ce qui a longueur, largeur et épaisseur.)	Cub e signifi un dra en dès héel, léhéel ha tihué-dett.

Français.	*Breton.*

Français.

— Les grains se mesuraient au boisseau , au minot.

— Les pesées se faisaient avec un poids nommé poids de *marc*. La livre valait deux marcs ; le marc, huit onces; l'once, huit gros ; le gros , soixante-douze grains.

— Maintenant la seule mesure de longueur est le mètre (mesure par excellence) et qui vaut trois pieds et un pouce environ.

— L'aune actuelle est de cent vingt centimètres; la demi-aune de soixante centimètres.

— La mesure agraire actuelle est l'are. C'est un carré qui a dix mètres de côté, et, par conséquent, renferme cent mètres carrés.

— Au lieu de journal, on doit dire maintenant *hectare* (ce mot signifie cent ares). L'hectare vaut à-peu-près deux arpens.

— Le bois de chauffage se mesure au stère. Le stère vaut un tiers de corde.

— Le bois de construction se mesure au mètre cube et au décimètre cube.

— Décimètre signifie la dixième partie du mètre.

Les grains se mesurent à l'hectolitre. Hectolitre signifie cent litres (environ cent bouteilles).

Breton.

Édd e vusulint dré voisséell , dré vinot.

Eit pouisein e impléent ur pouis hanhuet, pouis marcq; ul livr e dallé deu varcq ; er marcq, eih once ; en once, eih dramm; en dramm, deuzec ha tri uéguend *gránn* ou diner.

Berman ne dès eit er musul a héet meit er mætr (musul dreste en oll) hag e dal ar dro tri trætett hag ur medad.

Er oalenn a verman e dès huéh uéguend santimætr. En gaolen e dès tri uéguend santimætr.

En ar e zou berman musul en doar. Bout e ma ur haré en dès dec mætr a gosté. Rac-cé e comprenn cand mætr caré.

El léh quever, e teliér laret berman *hectar*. Er guirsé e signifi cand *ar*. En hectan e dall ar dro deu guéver doar.

Er hoait tânn e ve musulet guet ur stær. Er stær e dal en derderann ag ur gordenn.

Er hoait labour a vusuler guet ur mætr cub; hag guet un depimætr cub.

Décimætr signifi en decved loden pé parti ag er mætr.

Er gránn er vusuler guet en hectolit. Hectolitr e signifi cand litr (ar dro cand boutouillad).

Français.

Les objets pesants se me-
surent au kilogramme ; kilo-
gramme signifie mille gram-
mes. Le gramme est un petit
poids dont trente-et-un valent
une once.

Un kilogramme vaut deux
livres.

Cinq cents grammes valent
une livre.

Breton.

En treu pouner a vusuler
guet er kilogramm. Kilo-
gram e verche mill gramm.
Er gramm e zou ur pouis bi-
han. Ur gramm ha tregond
e ra un *once*.

Ur kilogramm e dal deu
livr.

Pemp cand gramm e dal
ul livr.

**Notes pour les contri-
buables.**

Français.

Vers le commencement de
chaque année, on distribue
aux contribuables un imprimé
appelé *avertissement*, dans
lequel figurent les charges de
toute nature dont ils sont
passibles.

Ces charges sont : 1. fon-
cières ; 2. des portes et fe-
nêtres ; 3. personnelles et mo-
bilières ; 4. de la patente. Cet
avertissement ne doit pas être
confondu avec la *contrainte*,
que les agens des finances
exercent contre les contri-
buables négligens.

A une certaine époque de
l'année, on distribue égale-
ment un imprimé pour les
corvées à faire sur les routes.

FIN DES NOTES.

**Remerqueu eit er
zeli contributioneu.**

Breton.

Ar dro commancemand er
blai e tistribuer d'en dud, e
contributioneu ur paper mol-
lett hanhuet *avertissémand*,
e pehani e ma merchet en
oll payemandeu e zeli peb
unan gober.

Er payemandeu-cé é à zou :
de guetan, eit foncier ; d'en
eil ; eit en dorieu ha fenes-
treu ; d'en drived, eit er pa-
tand. En avertissand-cé e zou
dissavale d'oh en hani e ve
reit eit forcein en deleérion
lisidant.

En ur certein amser ag er
blai é casser éhué ur paper
molleet eit er horvieu pe el
labour ar en henteu.

FIN AG ER REMERQUEU.

TABLEAU ALPHABÉTIQUE

De tous les chefs-lieux de départements et d'arrondissements de France,

AVEC

L'INDICATION DU DÉPARTEMENT OÙ SE TROUVE LA VILLE CHEF-LIEU.

A.

Abbeville (Somme).
Agen (Lot-et-Garonne).
Aix (Bouches-du-Rhône).
Ajaccio (Corse).
Alais (Gard).
Alby (Tarn).
Alençon (Orne).
Ambert (Puy-de-Dôme).
Amiens (Somme).
Ancenis (Loire-Inférieure).
Angers (Maine-et-Loire).
Angoulême (Charente).
Apt (Vaucluse).
Arcis-sur-Aube (Aube).
Argelès (Hautes-Pyrénées).
Argentan (Orne).
Arles (Bouches-du-Rhône).
Arras (Pas-de-Calais).
Altkirch (Haut-Rhin).
Aubusson (Creuse).

Auch (Gers).
Aurillac (Cantal).
Autun (Saône-et-Loire).
Auxerre (Yonne).
Avallon (Yonne).
Avesnes (Nord).
Avignon (Vaucluse).
Avranches (Manche).

B.

Bagnères-de-Bigorre (H^{es}-P.).
Barbezieux (Charente).
Barcelonnette (Basses-Alpes).
Bar-le-Duc (Meuse).
Bar-sur-Aube (Aube).
Bar-sur-Seine (Aube).
Bastia (Corse).
Beaume-les-Bains (Doubs).
Bayeux (Calvados).
Bayonne (Basses-Pyrénées).
Bazas (Gironde).

9

Beaugé (Maine-et-Loire).
Beaume (Côte-d'Or).
Beaupréau (Maine-et-Loire).
Beauvais (Oise).
Belfort (Haut-Rhin).
Bellac (Haute-Vienne).
Bergerac (Dordogne).
Bernay (Eure).
Besançon (Doubs).
Béthune (Pas-de-Calais).
Béziers (Hérault).
Blaye (Gironde).
Blois (Loir-et-Cher).
Bordeaux (Gironde).
Boulogne (Pas-de-Calais).
Bourbon-Vendée (Vendée).
Bourg (Ain).
Bourganeuf (Creuse).
Bourges (Cher).
Boussac (Creuse).
Bressuire (Deux-Sèvres).
Brest (Finistère).
Briançon (Hautes-Alpes).
Briey (Moselle).
Brignolles (Var).
Brioude (Haute-Loire).
Brive-la-Gaillarde (Corrèze).

C.

Caen (Calvados).
Cahors (Lot).
Calvi (Corse)
Cambrai (Nord).
Carcassonne (Aude).
Carpentras (Vaucluse).
Castellane (Basses-Alpes).
Castelnaudary (Aude).
Castel-Sarrazin (Tarn-et-Gar.)
Castres (Tarn).

Ceret (Pyrénées-Orientales).
Châlons (Marne).
Châlons-sur-Saône (Saône-et-Loire).
Charolles (Saône-et-Loire).
Chartres (Eure-et-Loire).
Châteaubriand (Loire-Infér^c).
Château-Chinon (Nièvre).
Châteaudun (Eure-et-Loir).
Château-Gonthier (Mayenne).
Châteaulin (Finistère).
Châteauroux (Indre).
Château-Salins (Meurthe).
Château-Thierry (Aisne).
Châtelleraut (Vienne).
Châtillon-sur-Seine (Côte-d'Or).
Chaumont (Haute-Marne).
Cherbourg (Manche).
Chinon (Indre-et-Loire.)
Civray (Vienne).
Clamecy (Nièvre).
Clermont (Oise).
Clermont-Ferrand (Puy-de-Dôme).
Cognac (Charente).
Colmar (Haut-Rhin).
Commercy (Meuse).
Compiègne (Oise).
Condom (Gers).
Confolens (Charente).
Corbeil (Seine-et-Oise).
Corte (Corse).
Cosne (Nièvre).
Coulommiers (Seine-et-Mar.).
Coutances (Manche).

D.

Dax (Landes).

Die (Drôme).
Dieppe (Seine-Inférieure).
Digne (Basses-Alpes).
Dijon (Côte-d'Or).
Dinan (Côtes-du-Nord).
Dôle (Jura).
Domfront (Orne).
Douai (Nord).
Doullens (Somme).
Draguignan (Var).
Dreux (Eure-et-Loir).
Dunkerque (Nord).

E.

Embrun (Hautes-Alpes).
Épinal (Vosges).
Epernay (Marne).
Espalion (Aveyron).
Etampes (Seine-et-Oise).
Evreux (Eure).

F.

Falaise (Calvados).
Figeac (Lot).
Florac (Lozère).
Foix (Ariège).
Fontainebleau (Sei.-et-Mar.).
Fontenay-le-Comte (Vendée).
Forcalquier (Basses Alpes).
Fougères (Ille-et-Vilaine).

G.

Gaillac (Tarn).
Gannat (Allier).
Gap (Hautes-Alpes).
Gex (Ain).
Gien (Loiret).

Gourdon (Lot).
Grasse (Var).
Gray (Haute-Saône).
Grenoble (Isère).
Guéret (Creuse).
Guingamp (Côtes-du-Nord).

H.

Hazebrouck (Nord).

I.

Issengeaux (Haute-Loire).
Issoire (Puy-de-Dôme).
Issoudun (Indre).

J.

Jonzac (Charente-Inférieure).
Joigny (Yonne).

K.

L.

La Châtre (Indre).
La Flèche (Sarthe).
Langres (Haute-Marne).
Lannion (Côtes-du-Nord).
Laon (Aisne).
La Palisse (Allier).
Largentières (Ardèche).
La Réole (Gironde).
La Rochelle (Charente-Infér.)
La Tour-du-Pin (Isère).
Laval (Mayenne).
Lavaur (Tarn).
Le Blanc (Indre).
Lectoure (Gers).

Le Hâvre [Seine-Inférieure].
Le Mans [Sarthe].
Le Puy [Haute-Loire].
Les Andelys [Eure].
Lesparre [Gironde].
Les Sables-d'Olonne [Vendée].
Le Vigan [Gard].
Lille [Nord].
Limoges [Haute-Vienne].
Limoux [Aude].
Lizieux [Calvados].
Loches [Indre-et-Loire].
Lodève [Hérault].
Lombez [Auch].
Lons-le-Saunier [Jura].
Lorient [Morbihan].
Laudéac [Côtes-du Nord].
Loudun [Vienne].
Louhans [Saône-et-Loire].
Louviers [Eure].
Lunéville [Meurthe].
Lure [Haute-Saône].
Lyon [Rhône].

M.

Mâcon [Saône-et-Loire].
Mamers [Sarthe].
Mantes [Seine-et-Oise].
Marennes [Charente-Infér.].
Marmandes [Lot et-Garonne].
Marseille [Bouches-du-Rhô.].
Marvéjols [Lozère].
Mauriac [Cantal].
Mayenne [Mayenne].
Meaux [Seine-et-Marne].
Melle [Deux-Sèvres].
Melun [Seine-et-Marne].
Mende [Lozère].
Metz [Moselle].

Mézières [Ardennes].
Milhau [Aveyron].
Mirande [Gers].
Mirecourt [Vosges].
Moissac [Tarn-et-Garonne].
Moléon [Basses-Pyrénées].
Montargis [Loiret].
Montauban [Tarn-et-Garon.].
Montbéliard [Doubs].
Montbrison [Loire].
Mont-Didier [Somme].
Mont-de-Marsan [Landes].
Montélimart [Drôme].
Montfort [Ille-et-Vilaine].
Montluçon [Allier].
Montmédy [Meuse].
Montmorillon (Vienne).
Montpellier (Hérault).
Montreuil (Pas-de-Calais).
Morlaix (Finistère).
Mortagne (Orne).
Mortain (Manche).
Moulins (Allier).
Murat (Cantal).
Muret (Haute-Garonne).

N.

Nancy (Meurthe).
Nantes (Loire-Inférieure).
Nantua (Ain).
Narbonne (Aude).
Nérac (Lot-et-Garonne).
Neufchâteau (Vosges).
Nevers (Nièvre).
Nîmes (Gard.)
Niort (Deux-Sèvres).
Nogent le Rotrou (Eure-et-Loire).
Nontron (Dordogne).

Nyous (Drôme).

O.

Oloron (Basses-Pyrénées).
Orange (Vaucluse).
Orléans (Loiret).
Orthez (Basses-Pyrénées).

P.

Paimbœuf (Loire-Inférieure).
Pamiers (Ariége).
Paris (Seine).
Parthenay (Deux-Sèvres).
Pau (Basses-Pyrénées).
Périgueux (Dordogne).
Péronne (Somme).
Perpignan (Pyrénées-Orientales).
Pithiviers (Loiret).
Ploërmel (Morbihan).
Poitiers (Vienne).
Poligny (Jura).
Pontarlier (Doubs).
Pont-Audemer (Eure).
Pontivy (Morbihan).
Pont-l'Evêque (Calvados).
Pontoise (Seine-et-Oise).
Prades (Pyrénées-Orientales).
Privas (Ardèche).
Provins (Seine-et-Marne).

Q.

Quimper (Finistère).
Quimperlé (Finistère).

R.

Rambouillet (Seine-et-Oise).
Redon (Ille-et-Vilaine).
Reims (Marne).
Remiremont (Vosges).
Rennes (Ille-et-Vilaine).
Rethel (Ardennes).
Riberac (Dordogne).
Riom (Puy-de-Dôme).
Roanne (Loire).
Rochechouard (Haute-Vienne)
Rochefort (Charente-Infér.).
Rocroy (Ardennes).
Rodez (Aveyron).
Romorantin (Loir-et-Cher).
Rouen (Seine-Inférieure).
Ruffec (Charente).

S.

Saint-Affrique (Aveyron).
Saint-Amand (Cher).
Saint-Brieuc (Côtes-du-Nord)
Saint-Calais (Sarthe).
Saint-Claude (Jura).
Saint-Denis (Seine).
Saint-Dié (Vosges).
Saintes (Charente-Inférieure)
Saint-Étienne (Loire).
Saint-Flour (Cantal).
Saint-Gaudens (Haute-Garonne)
Saint-Girons (Ariège).
Saint-Jean-d'Angély (Charente-Inférieure).
Saint-Lô (Manche).
Saint-Malo (Ille-et-Vilaine).
Saint-Marcellin (Isère).

Sainte-Ménehoulde (Marne).
Saint-Omer (Pas-de-Calais).
Saint-Pol (Pas-de-Calais).
Saint-Pons (Hérault).
Saint-Quentin (Aisne).
Saint-Séver (Landes).
Saint-Yrieix (Haute-Vienne).
Sancerre (Cher).
Sarguemines (Moselle).
Sarlat (Dordogne).
Sarrebourg (Meurthe).
Sartène (Corse).
Saumur (Maine-et-Loire).
Savenay (Loire-Inférieure).
Saverne (Bas-Rhin).
Sceaux (Seine).
Schelestadt (Bas-Rhin).
Sédan (Ardennes).
Ségré (Maine-et-Loire).
Sémur (Côte-d'Or).
Senlis (Oise.)
Sens (Yonne).
Sistéron (Basses-Alpes).
Soissons (Aisne).
Strasbourg (Bas-Rhin).

T.

Tarbes (Hautes-Pyrénées).
Thiers (Puy-de-Dôme).
Thionville (Moselle).
Tonnerre (Yonne).
Toul (Meurthe).
Toulon (Var).
Toulouse (Haute-Garonne).
Tournon (Ardèche).
Tours (Indre-et-Loire).
Trévoux (Ain).
Troyes (Aube).
Tulle (Corrèze).

U.

Ussel (Corrèze).
Uzès (Gard).

V.

Valence (Drôme).
Valenciennes (Nord).
Valogne (Manche).
Vannes (Morbihan).
Vassy (Haute-Marne).
Vendôme (Loir-et-Cher).
Verdun (Meuse).
Versailles (Seine-et-Oise.)
Vervins (Aisnes).
Vesoul (Haute-Saône).
Vienne (Isère).
Villefranche (Aveyron).
Villefranche (Rhône).
Villeneuve-d'Agen (Lot-et-Garonne).
Vire (Calvados).
Vitré (Ille-et-Vilaine).
Vitry-le-Français (Marne).
Vouziers (Ardennes).
Weissembourg (Bas-Rhin).

Y.

Yvetot (Seine-Inférieure).

FIN DE LA TABLE ALPHABÉTIQUE DES ARRONDISSEMENS.

OBSERVATIONS

Sur la traduction bretonne employée dans cet ouvrage.

Le breton étant pauvre en termes, on est obligé de se servir de mots français auxquels on donne *un habit* breton. C'est ce que j'ai fait, sans néanmoins prétendre justifier ma manière, surtout si la pénurie dont je me plains n'est personnelle qu'à moi, dans la matière de cet ouvrage.

Je crois, au reste, que l'explication en breton mettra suffisamment le lecteur au courant. Or, il s'agit moins dans le cas actuel, de traduire mot pour mot que de se mettre à la portée du lecteur. Si ce but est atteint, cela me suffit.

Notice sur les colonies.	**Un abregé ar er holonieu**
Français.	*Breton.*

La France possède des colonies, c'est-à-dire des pays éloignés habités par des Français qui y ont passé ou qui y sont nés, lesquels mêlés avec les indigènes prennent le nom de *colons*, et sont régis par les lois françaises.	Franç hé dès colonieu, de laret e, brouïeu péel. El léh ma hès tud guenediq a Franç, péré zou besoueit de chommein d'er brouïeu-cé, pe e zou bet gânnet inou, ha queiget guet en re sâu el ag vrou-cé, e zoug en hanhue a golônned (oheaïhet) hag e zou gouarnet dré lesenneu Franç.
Nos colonies sont : 1. sur les côtes occidentales de l'Afrique, l'île de Sénégal, ainsi nommée du fleuve Sénégal.	Hur holonieu (poblatt péel) e zou de guetan en arvor er huh-hiaul en Afriq, Inis er Sénégal, hanhuet el-ce a halamor de rière bras Sénégal.
La capitale est le Fort-Saint-Louis, où résident un commandant et un préfet apostolique.	Er guer gapital e casteel Sant-Loys, el léh ma chomme ur hommandand hag ur præfett apostoliq (a berh er gap).
On y compte deux arrondissemens : Saint-Louis, Cinq-Iles.	Contein a rer inou deu rondissemand : Saint-Loys, Pemp-Inizen.
Gorée, toute la côte depuis la baie d'Iof jusqu'à Albrida, ce qui forme un littoral d'environ deux cents lieues ; la population est de seize mille cent trente habitans, y compris les blancs, les hommes de couleur et les nègres.	Gorée, oll en doar, hed en aud, e vaë Yof bedig Albrida, er péeh e ra un ar vor a bedoste deu gand léau. Poblanç er vro-cé e sâu de huézec mill dec ha huéh uéguend den, mar conter er ré uénn, en duardet, hag er morillônned.
2. La Martinique (en Amérique) ; le chef-lieu est le Fort-Royal, résidence du gouverneur.	D'en eil, er Vartiniq (en Ameriq) he dès ait capital er Fort-Royal (Castel er Roué) el léh ma chom er gouarnour.

Français.	*Breton.*
On y compte quatre arrondissemens, savoir : Fort-Royal, qui a huit paroisses.	Contein a rer en-hi piar rondissemand, de laret e : Fort-Royal, pehani en dès eih paræss.
Le Marin, qui en a six.	Er Marin (er martelot), en dès huéh.
La Trinité, qui en a sept. Saint-Pierre, qui en a six aussi.	En Drindet, en dès seih ; Sant-Piarr, en dés huéh e-hué.
Il y a un tribunal au Fort-Royal et un autre à St. Pierre.	Bout-zou e Fort-Royal un tribunal hag un a-ral et Sant-Piarr.
La superficie est de soixante-quinze mille trois cent quatre-vingt-un hectares ; la population, de cent un mille huit cent soixante-cinq habitans.	Er Vartiniq hé dès a franquiss pemzec ha tri uéguend mill, tri hand unan ha piar uéguend hectar (un hectar e dal tro-ha-tro de zeu gueyerr doar. Seu el e ra, a boblanç cand mill, trihuéh cand pemp den ha tri uéguend.
3. L'Ile - Bourbon, (en Afrique) dont la capitale est Saint-Denis, résidence du commandant, siége d'une cour royale, d'un tribunal de première instance et de quatre justices de paix,	D'en dairved, Inis Bourbon (en Afriq) a behani er guer gapitâl e zou sant Deny, el léh ma chom er hommandant. Inou e hes ul liss royale, hag ul liss a guetan heli, ha pedair justiç a béah.
A deux districts : du vent (au nord) divisé en six quartiers. Sous le vent (au sud) divisé en cinq quartiers.	Hé dès deu zistriq (canto-nieu bras). Hani ahuéle (er hreis-nos), partaget e huéh quarterr doar. Hani idan en ahuéle (er hreis-dé) lodeinnet e pemp quarterr.
La superficie est de cent vingt-cinq lieues carrées ; la population de quatre-vingt-dix mille habitans.	En inis he dès a franquiss pemp ha huéh uéguend léau caré. Er boblanç e sàu de zec mill den a piar uéguend.
4. La Guyane (dans l'Amérique méridionale) qui a pour	Er bedairved e zou er Guyânn (e Amériq er hreis-dé

Français.	Breton.

capitale Cayenne, résidence du gouverneur, siège d'une cour royale, d'un tribunal de première instance et d'une justice de paix.

Cette colonie est divisée en onze quartiers. La population est de vingt-trois mille quarante-sept habitans. La superficie, de cinq mille quatre cents lieues carrées. Dans l'Amérique septentrionale se trouvent les îles de Saint-Pierre et de Miquelon peuplées de six cents individus. Mais ce nombre augmente à l'arrivage des bâtimens qui viennent pour la pêche de la morue; car il y a dans cette île des établissemens de pêcherie de cette espèce de poissons.

Cayenne est la capitale de toute la colonie. Cette ville possède une cour royale, un tribunal de première instance et une justice de paix.

Un commandant de la marine réside à Saint-Pierre.

5. Dans l'Afrique les Français possèdent, depuis mille huit cent trente, l'Algérie, dont la capitale est Alger. Cette colonie augmente toujours. L'administration générale est mise sur le même pied qu'en France. Il y a un évêque et des curés. On y a fondé des églises et établi des écoles.

pehani he dès aveit capital Cayenn, dameurance er gouarnour. Inou hé hès ul liss royal, ul liss a guetan héli, hag ur justiç a béah.

Er golom-men e zou partaget e unec quarterr. Er boblanç e sau tri mill ar-n'uéguend, seih den ha deu uéguend. Er franquiss e zou a bemp mill piar hand léau caré. En Ameriq ag en nort eñ hum gav izenneu sant Piar ha Miquelon pobleet a huéh cand den. Mæs en nombre a hébai e gresque pe zoar en inizi-cé el lestri aveit pisquereah er molued. Raïc bout e zou en inis-cé établissemanteu aveit er sorte pesquereah-cé.

Cayenn e zou er guer gapitål ag er goloni. Er guer-cé e bossède ul liss royale, ul liss a guetan heli hag ur justiç a béah.

Ur hommandant eit en avigation e chom e sant Piar.

D'er benved. En Afriq er Francision ou dès, a ou déer blai mill eih cand tregond, en Algeri, a behani er gapitål e zou Alger. Er goloni-cé e gresque anebedigueu. Er gouarnereah e zou havalé d'oh hani Franç. Bout e zou inou escobet, ha personnet. Batisset e zou bet inou ilisieu ha scolageu.

Français.	*Breton.*

Français.

On y compte plusieurs villes dont les principales sont Oran, Bougie, Bone, Constantine, Philippe - Ville et Orléans-Ville.

6. En Asie la France a des possessions dites Possessions Orientales. Ce sont les côtes de Coromandel, d'Orissa, et de Malabar.

Pondichéry est le chef-lieu et le centre du commerce français. Cette ville est la résidence d'un gouverneur et le siége d'une cour royale.

En Arabie, Moscate et Moka.

En Afrique, Sainte-Marie de Madasgascar possède une rade sûre, qui facilite la pêche de la baleine.

L'administration est confiée à un commandant.

7. La Guadeloupe (en Amérique) a pour chef-lieu la Pointe-à-Pitre.

Cette colonie comprend deux divisions et quatre îles. Basse-Terre, qui a quinze quartiers. Grande-Terre en a neuf; Marie-Galande, trois; la Désirade, un; les Saintes, un; Saint-Martin, un quartier.

Il y a à Basse-Terre un gouverneur, un préfet apostolique et une cour royale. La superficie de la Guadeloupe est de cent douze mille quinze lieues carrées, et la popula-

Breton.

Contein e rer paud a guerieu, a béré er ré principâl e zou Oran, Bougy, Bonn, Constantinn, Philipp-Vill hag Orléan-Vill.

D'en huévet. En Asi Franç a bossed treu hanvet possessioneu bro er sau-hioule. De larét e, arvorieu Coromandel, Orissa, ha Malabar.

Pondichéry e zou er guer gapitâl, hag er plàç principal ag trafiq e re er Francicion er vro-cé. Inou e hès ur gouarnour hag ul liss royale.

En Araby, Moscat ha Moka.

En Afriq, santès Mari a Vadagascar, hé dès ur rade surr, dre behani e ma æssoh pesquetein er valeinne.

Ur hommandant e zou carguet ag er goarnation.

D'er seihvet. Er Gouadeloup (en Amériq) he dès aveit capitâl er Point-a-Pitr. Er goloni-men e zou deuhanteret ha hé dès pedair inis. Isel-Doar, hé dès pemzec quarterr. Doar-Bras, hé dès nàu; Mari-Galand, tri; en Desirad, unan; er Santiset, unan; sant Martin, unan.

E Isel-Doar e hes ur gouarnour, ur præfet apostoliq hag ul liss royale. Er Gouadeloupe e dés a franquiss cand deuzec mill pemzec léàu caré. Hag a boblanç seih uéguend mill den.

tion de cent quarante mille habitans.

NOTA. Il faut observer que toutes nos colonies sont peuplées d'hommes blancs, d'hommes de couleur et de nègres; et que ce sont les colonies qui nous fournissent le café, le sucre, la rhubarbe, le riz et une foule de denrées, qui, pour cette raison sont appelées denrées coloniales.

FIN DE TOUT L'OUVRAGE.

REMARQUE. Red e éhuéhat penaus er holoniéu e hès tud guenn, duardet, ha moril-lônnet; ha penaus e ma ind e fourniss temb er hafé, er chucre, er hu-barb, er riz, hag un niverr bras a varha-douréah, péré, eit quement-cé a vai hanhuet marhadou-réah *colonial* pe ag er ho-loniéu.

AMEN ACHIUE EL LIVR.

ERRATA.

PAGE 10.   2 fr. 70. Unec réal meit deu vlanq, LISEZ meit ur blanq.

PAGE 23.   149 fr. Hanter hand scoëd hag ul livr, LISEZ meit ul livr.

        151 fr. Hanter hand scoëd just, LISEZ hag ul livr.

PAGE 47.   534 fr. Trihuch scoed ha seih uéguend, LISEZ hag eih uéguend.

PAGE 61, LIGNE 7. Bihuiquin, LISEZ Birhuiquin.

---   --- 22. Vis, LISEZ wis. LIGNE 25, dré voyant pointeu-cé, LISEZ er pointeu cé. LIGNE 28, Eun, LISEZ ëan.

PAGE 62, LIGNE 1. Hest, LISEZ héd (hirded). LIGNE 26, héel, LISEZ héd. LIGNE 27, léhéel, LISEZ léhéd. LIGNE 34, héel et léhéel, LISEZ héd et léhéd.

PAGE 63, LIGNE 1. Edde vusulint, LISEZ en éde vusulint.
    LIGNE 14. En goalen, LISEZ en hanter goalen.
    LIGNE 24. Er vusuler, LISEZ e vusuler.

PAGE 64, LIGNE 12. E contributioneu, LISEZ o zeli contributioneu.
    LIGNE 24. Lisidantl, LISEZ lisidant.

PAGE 72, LIGNE 5. Besoheil, LISEZ bet oueil.
    LIGNE 7. Sau el, LISEZ sauel.
    LIGNE 15. Rière, LISEZ rivière (stér).
    LIGNE 19. Gap, LISEZ pab.
    LIGNE 24. Albrida, LISEZ Albreda.

PAGE 74, LIGNE 6. Er golommen, LISEZ er goloni-men.
    LIGNE 19. Raic, LISEZ raic.

PAGE 75, LIGNE 8. Sau bioule, LISEZ sauhiaule.
    LIGNE 13. E re, LISEZ e hra.
    LIGNE 26. Hu, LISEZ hag.
    LIGNE 31. Santiset, LISEZ santéset.

PAGE 76, LIGNE 5. Hubarhe, LISEZ rhubarb.
    LIGNE FINALE. Achiue, LISEZ e achiue.